みんなの笑顔が
見たい

みんなの思いを
かなえたい

環境のことを
考えたい

豊建築事務所

60年の歩みとともに、
これからもわたしたちが
大切にしていくこと

■ いきいきとした活動を支える

「建物を建てる」ということは、そこに集う人々の活動を
デザインすることだと考えています。気持ちのよい空間
で、人々がいきいきと活動できる建物デザインをつねに
意識しています。

■ 人やまちを元気にする

「建物を建てる」ことで、地域とのかかわりが生まれ、コ
ミュニケーションがはぐくまれることを大切に考えていま
す。地域の人々や、訪れる人々が気持ちよく交流できる
施設づくりをめざしています。

■ 人に寄り添う

「建物を建てる」ために、数多くの方々と打ち合わせを
おこない、数多くの検討をし、最終的なかたちにたどり
着きます。建築完成後も良好な関係を持続させ、設計
者としてのアドバイスを行い、永く良く使えるように寄り
添います。

豊建築事務所 WORKS 60th ANNIVERSARY
YUTAKA ARCHITECTS & ENGINEERS CO.,LTD

INDEX

教育施設
Educational Facilities

台東区立蔵前小学校

歴史と伝統のある町、蔵前にある小学校の建替え事業である。外観は『蔵とエコ』をモチーフに、誰もがわかりやすく親しみやすい計画とした。軒下やルーバーの木材には、台東区の姉妹都市である宮城県大崎市産の木材を用いた。敷地条件から、校庭は屋上に計画した。各種ホールや階段、メディアステーション、アリーナなどを効果的にレイアウトし、木を多用することで約50m角の校舎内部を「明るくうるおいある学び舎」とした。

所　在　地　東京都台東区
建　築　主　台東区
施　　　工　（建築）ナカノフドー・大雄・三ツ目JV
　　　　　　（電気）コムシス・清進ＪＶ
　　　　　　（衛生）東海・小林ＪＶ
　　　　　　（空調）ヤマト・浅草・松栄JV

延 床 面 積　8,984.98㎡
構造・規模　ＲＣ造　地上５階
竣　　　工　2019年

南房総市立嶺南学園
嶺南小学校・中学校
プロポーザル最優秀

嶺南小学校は、丸山・和田地区にあった4校の統合小学校である。既存の嶺南中学校や新設された嶺南子ども園と連携できる施設構成とし、0歳から15歳までが通う「嶺南学園」（0歳〜15歳の学び舎）が誕生した。

　既存中学校を有効活用し、共用・共有した施設づくりを行い、将来的な小中一貫校を見据えた施設構成とした。内装は、木の温もりが感じられる空間づくりをめざした。昇降口を入ったエントランス部分や2階の廊下部分の壁には、既存の中学校と同様に杉板を張り、天井にはシナ合板の吊り天井を採用した。

所 在 地　千葉県南房総市
建 築 主　南房総市
施　　工　（建築）大松・白幡 JV
　　　　　（電気）幸洋電設
　　　　　（機械）安房住宅設備機器
　　　　　（野球）加瀬建設
延 床 面 積　5,834㎡
構造・規模　RC造　地上2階
竣　　工　2019年

川崎市立
子母口小学校・
東橘中学校
プロポーザル最優秀

計画地は、尻手黒川道路に近接した住宅地にある。周辺には、橘公園などがあり、都市の中においても自然を感じられる場所である。児童・生徒数 2,000 人、教職員 140 人、校舎面積 22,000㎡を超える大規模な校舎となるため、わかりやすい施設構成、災害時の動線にも配慮した計画を行った。建物の中にボイドを設けて回遊型の校舎とし、明るく風通しのよい学習・生活空間を実現した。基本的には小学校と中学校を独立して機能させるため、低層階を小学校ゾーン、高層階を中学校ゾーンに分け、1 階と 3 階に共用エリアを設けたゾーニングとしている。

所 在 地　神奈川県川崎市
建 築 主　川崎市
施　　工　（建築）淺沼・三ノ輪・松浦JV
　　　　　（電気）丸井・光陽JV
　　　　　（衛生）富士設備・一本松JV
　　　　　（空調）エルゴテック・
　　　　　　　　　大同産業JV
延 床 面 積　22,096㎡
構造・規模　RC 造　地上 5 階
竣　　工　2016 年

川崎市立はるひ野小学校・中学校　PFI事業

里山の風景がパノラマに展開する豊かな自然にあふれた場所である。「児童・生徒が地域とともに成長するコミュニケーションスクール」をコンセプトに、小・中学校の連携校として、教職員や生徒たちの自然なコミュニケーションを誘発するような学校づくりを行った。小・中学校のアプローチとなる中庭を中心としたロの字型校舎とし、自然な交流が生まれるようにした。小学校はオープンスペース型、中学校は教科教室と教科メディアスペースで構成した科教室センター方式型とし、多様な学習形態に対応できる教育環境づくりをめざした。なお、本事業は PFI 事業として現在も継続中である。

所　在　地	神奈川県川崎市	延 床 面 積	17,459.16㎡
建　築　主	はるひ野コミュニティサービス株式会社	構造・規模	RC 造一部 S 造　地上 4 階
基 本 構 想	長澤 悟	竣　　工	2008 年
施　　工	松井建設		

東金市立東金中学校

東金中学校は、庁舎や駅のある中心市街地と、のどかな田園地帯にはさまれた場所に位置する。

新校舎の外観は、モノトーン調の配色で統一し、既存体育館や周辺環境との調和を図った。八角形の形状が特徴的な視聴覚棟は、杉板型枠模様で窓のない壁で構成し、校舎棟と対比させたデザインとした。

教育空間のインテリアとして、木の温もりが感じられる空間づくりをめざした。学校全体の床にはフローリング、教室には木壁、廊下の天井には木製ルーバー、家具には積極的に木を採用し、また視聴覚棟の縦ルーバー壁や図書室や昇降口の家具については、千葉県産山武杉を乾燥させて利用している。

所 在 地　千葉県東金市
建 築 主　東金市
施　　工　（建築）畔蒜工務店
　　　　　（電気）サンワコムシスエンジニアリング
　　　　　（機械）アスト
　　　　　（杭）ノザキ建工
延 床 面 積　6,873㎡
構造・規模　RC造　地上4階
竣　　工　2016年

館山市立 房南学園

プロポーザル最優秀

館山市房南地区の児童生徒の減少を考慮しながら、現在の教育問題の改善に向け、既存房南中建物に小学校校舎と体育館を増築するかたちで、施設一体型の小中一貫校が計画された。

新校舎棟の1階には、小学校1年から4年までの教室と特別支援教室、職員室などの管理諸室を配置している。5年・6年は既存中学校校舎の1階に配置して、中学校との関係性などを感じとれる環境とした。

新校舎の外観は、既存中学校校舎のコンクリート打ち放しの壁や、勾配屋根、バルコニーデザインなどのモチーフを構成要素として、既存校舎を含めた小中一体のイメージをつくることに留意した。新旧の校舎の違和感がなく、新しくスタートする房南学園としての統一感をうまく表現することができたと考えている。

所 在 地　千葉県館山市　　　延 床 面 積　2,601㎡
建 築 主　館山市　　　　　　構造・規模　RC造一部S造　地上2階
施　　工　（建築）白幡興業　　竣　　工　2017年
　　　　　（電気）幸洋電設
　　　　　（機械）大成温調

横芝光町立横芝中学校

プロポーザル最優秀

　横芝中学校は、坂田城址のふもと、坂田池運動公園を望む田園地帯の一角、緑豊かな環境にある。

　学び舎は、シンプルで見通しのよい構成とし、多様な活動に、眺望を織り交ぜ、光あふれる学校づくりをめざした。普通教室ゾーンは、学年のまとまりを明確にし、選択学習や習熟度別学習など、多様な学習形態に対応できる環境として、少人数学習室とミーティングルームを組み合わせた構成とした。

　生徒の気軽に立ち寄れるメイン動線上には図書室を配置した。正面に坂田城址の緑を望む大きな窓、吹き抜けの開放的な空間とし、みんなが集う町の図書館としての雰囲気とした。

　ワークショップを重ねるなかで重要視されていた、生徒・教師・地域、さまざまなコミュニケーション空間を、校舎全体に散りばめた。昇降口脇に用意されたラウンジは、登下校時の待ち合わせや地域の人とのふれあいの場となっている。

所　在　地　千葉県山武郡横芝光町
建　築　主　横芝光町（旧横芝町）
施　　　工　（建築）古谷・青柳 JV
　　　　　　（電気）栄光社
　　　　　　（機械）東洋熱工業
　　　　　　（　杭　）三谷セキサン
　　　　　　（校庭）古谷建設
延 床 面 積　11,350.22㎡
構造・規模　RC造一部S造　地上3階
竣　　　工　2009年

台東区立黒門小学校

計画地は上野の湯島と広小路の中間にあり、築88年の震災復興小学校の大規模改修事業である。改修設計にあたり、内外観の重厚な様式および空間の再生と、これからの時代に即したICT活用による教育環境の整備を設計目標とした。内装改修において特徴的な連続アーチ形の廊下天井の美しさを実現するため、現状の設備露出配管、配線を隣接する教室天井内に納める設備計画とした。また、最も竣工時の趣を残している音楽室、第二会議室の装飾、色彩を基調とし、ホール、廊下空間の復元整備を行った。一方、普通教室は廊下より明るい色調とし、機能的な学習空間をめざした。

所　在　地　東京都台東区
建　築　主　台東区
施　　　工　大雄
延　床　面　積　6,279㎡
構造・規模　RC造
　　　　　　　地上3階（校舎）
　　　　　　　地上5階（体育館）
竣　　　工　2019年

習志野市立第二中学校　　プロポーザル最優秀

習志野市内の中学校で最も古く、狭隘であった体育館の建替えである。高低差のある敷地の地形を生かし、武道場と体育館を重層することで、将来整備される校舎と2階レベルで接続できるよう、バリアフリーを見据えた計画とした。

　敷地内には歴史を感じさせる大木が多く、第二中学校の象徴的な風景となっており、可能なかぎり保存するようにした。また地域のための施設として、地域開放に配慮した施設とするとともに、災害時の避難所としての機能を充実させた。

所　在　地　千葉県習志野市　　施　　　工　（建築）池田工建　　延　床　面　積　2,790.96㎡
建　築　主　習志野市　　　　　　　　　　　（電気）不二装備工業　　構造・規模　SRC造
　　　　　　　　　　　　　　　　　　　　　（機械）鈴木水道　　　　　　　　　　　一部S造
　　　　　　　　　　　　　　　　　　　　　（舞台）不二装備工業　　　　　　　　　地上2階
　　　　　　　　　　　　　　　　　　　　　（ガス）サクラ設備　　　竣　　　工　2017年

南房総市立 嶺南子ども園
プロポーザル最優秀

嶺南子ども園は、丸山・和田地区にある幼稚園4つと保育園2つを統合した園である。既存の嶺南中学校や新設の嶺南小学校（P6～7参照）と連携できる施設構成とし、0歳から15歳までが通う、「嶺南学園」（0歳～15歳の学び舎）が誕生した。
　園舎は中庭を囲み、中外の連携がとりやすい形状とした。また、ステージがあり園の活動の拠点となる遊戯室を八角形の平面とし、シンボリックな外観とした。内装は、木の温もりが感じられる空間づくりをめざした。廊下や遊戯室の壁には、既存の中学校と同様に杉板を張り、保育室の壁にも積極的に木を採用した。

所 在 地　千葉県南房総市
建 築 主　南房総市
施　　工　（建築）大松・白幡JV
　　　　　（電気）幸洋電設
　　　　　（機械）安房住宅設備機器
延 床 面 積　2,078㎡
構造・規模　S造　平屋
竣　　工　2019年

港区立麻布幼稚園

1934年の開園から、長い歴史を経て、85周年を迎える麻布幼稚園。園児の定員拡大に伴い、限られた園庭内への園舎増築を行った。敷地は、小学校と同じ敷地内となることから、既存校舎、増築園舎の日照、環境、行き来のしやすさ、見守りの視点などの配慮を行い、建物位置の設定をした。分節されていた園庭を一体利用できるようにし、室内からは園庭を見渡すことができ、幼児の活動を促す連続性をもたせた。花の名前のクラス名をポイントカラーとし、港区協定木材を活用した明るい室内、見通しのよい快適な空間をつくった。

所 在 地　東京都港区
建 築 主　港区
施　　工　田中建設
延 床 面 積　470.17㎡
構造・規模　RC造　地上2階
竣　　工　2019年

学校法人 田中学園
清和幼稚園

園児の増加と施設の老朽化に伴い、既存校舎と一体利用できる園舎の増築である。敷地は、高低差に富んだ緑豊かな環境にあり、既存建物との調和、高低差を活かした断面計画、樹木の保全をコンセプトに明るく、風通しの良い施設づくりを目指した。

　階高が必要な遊戯室を半地下に配置し、床を掘り下げることで、既存の建物とのスカイラインをそろえ、圧迫感を軽減している。遊戯室は園庭からサンルーム経由でアクセスすることができ、園庭との一体利用もできる。

　1、2階の保育室は安全性に配慮しつつ、大きな開口を設けている。窓を開放すると、既存樹木の緑を身近に感じることができる、明るく、風通しの良い環境となっている。

所　在　地　千葉県船橋市
建　築　主　学校法人 田中学園
施　　　工　ナカノフドー建設
延 床 面 積　2,322.84㎡（増築 1,183.88㎡ + 既存 1,138.96㎡）
構造・規模　RC造一部S造　地下1階地上2階
竣　　　工　2011年

大山保育園
コンペ最優秀

ハッピーロード大山商店街に隣接する静かな住宅地に位置し、地域の人々に40年間愛されてきた保育園の建て替え計画である。

　子どもたちがわくわくする園舎であるとともに、地域の人々に親しまれるファサードや植栽を計画し、まち並みに潤いをもたらす保育園をめざした。

　子どもたちが日々生活する保育室は、ぬくもりや温かみが感じられるよう、木を基調としたインテリアとなっている。また、園庭として屋上に、ウッドデッキ広場と芝生広場を設け、遊戯室と一体で使えるようにするなど、園舎全体が遊び場となるよう、安全でありながら園児の「遊び心」を刺激する保育園とした。

所　在　地　東京都板橋区
建　築　主　社会福祉法人恩賜財団 東京都同胞援護会
施　　　工　松井建設
延 床 面 積　1,199.51㎡
構造・規模　RC造　地上5階
竣　　　工　2015年

山武市立松尾小学校
プロポーザル最優秀

山武市における松尾小学校・豊岡小学校の統合による既存校舎の建て替え事業である。新校舎は勾配屋根を取り入れ、周辺のまち並みと調和した、地域のシンボルとなるような外観を計画している。本校では、アクティブラーニングが積極的に行いやすい普通教室の計画、最新のICT環境の整備により、新学習要領に対応した教育の新しい展開が可能な校舎としている。

所 在 地	千葉県山武市
建 築 主	山武市
延 床 面 積	約 5,000㎡
構造・規模	RC造 地上3階
竣 工	2022年予定

立川市立若葉台小学校
プロポーザル最優秀

本校は立川市立若葉小、けやき台小の2校の統合校である。マスタープランにて「共に学び　共に育つ　学校づくり」という理念を策定し、この理念を実現するため「思う存分体を動かし、さまざまな体験ができる学校づくり」、「学ぶ楽しさ、教える喜びが実感できる学校づくり」、「明日また行きたくなる楽しい学校づくり」、「地域をつなぎ、未来を拓く学校づくり」という4つのコンセプトをもとに設計を行った。

所 在 地	東京都立川市
建 築 主	立川市
施 工	（建築）関東・長井 JV
	（電気）成電工
	（空調）原島管
	（衛生）開成
延 床 面 積	10,725.10㎡
構造・規模	RC造一部S造、SRC造　地上4階
竣 工	2021年予定

流山市立八木北小学校

既存校舎との動線をスムーズにつなげ、外装のアクセント基調色を統一し、新旧校舎が一体的な景観となるようめざした。

　1階の中央部に管理機能を持つ増築センター棟を配置。プールは、校庭の現況面積を減じないように増築校舎棟の屋上設置を採用した。

　また、約1.6mの段差のある2棟の既存校舎の渡り廊下部に2方向出入口エレベーターを設置することで、校舎全体の廊下のバリアフリー化を図っている。

所 在 地	千葉県流山市
建 築 主	流山市
施 工	（建築）新日本建設
	（電気）アキラ電設
	（機械）ノームラ化水工業
延 床 面 積	3,916㎡
構造・規模	RC造一部S造　地上4階
竣 工	2021年予定

東京消防庁
奥多摩消防署
OKUTAMA FIRE STATION
TOKYO FIRE DEPARTMENT

東京都子供家庭総合センター

東京都子供家庭総合センターは少子化と核家族化が進行する今日において、文字通り「子供」と「家庭」を「総合」的に支援するために、平成18年1月に策定された基本構想に基づき生まれた施設である。

この施設では、子供に関する相談や支援を個別に行なっていた児童相談センター（福祉保健局）、教育相談センター（教育庁）、新宿少年センター（警視庁）の3機関が連携し、それぞれの専門性を活かしながら、より高度で幅広いサポートを提供していく。

建物の構成としては、フロアごとに各機関の専用部があるほか、共用で使用する面談室は各フロアに分散配置されている。また、さまざまな種類の療法室が用意されており、軽運動や工作・音楽、調理などの創作活動を通じて、子供の心理面や健康状態について専門性の高いサポートを可能にしている。

建物外観については、敷地西側の閑静な住宅地の景観に溶け込むことを念頭に置きつつ、寿命の長い公共建築であることから、骨太でシンプルな安定感の感じられるデザインを行なった。

所　在　地　東京都新宿区
建　築　主　東京都
施　　　工　（建築）奥村・南海辰村・近藤 JV
　　　　　　（電気）ユアテック・太平・松井 JV
　　　　　　（衛生）芝・依田 JV
　　　　　　（空調）大成設・竹村 JV
　　　　　　（昇降機）冨士エレベーター工業
延 床 面 積　14,497.28㎡
構造・規模　SRC 造一部 S 造　地下 1 階地上 7 階
竣　　　工　2012 年

東京都石神井学園児童棟

児童養護施設である東京都石神井学園内にある児童棟の建て替え計画である。さまざまな課題を抱えた入所児童に対し、安全で安定した生活環境を整えることを目的とし、児童の心身のすこやかな成長とその自立を支援するものである。

計画は、入所児童のプライバシーに十分配慮し、個室化を図るとともに、施設内での事故を防止するため、死角を極力減らすなど、施設構成上の対応を図っている。すべての寮を「小規模グループケア」とし、6〜8 人の小規模なグループごとに居室、リビングを設け、キッチン、浴室、トイレは一般住宅の仕様とすることで、より家庭的な環境をつくっている。

所　在　地　東京都練馬区
建　築　主　東京都
施　　　工　（建築）A　棟：小暮工業
　　　　　　　　　　B・C 棟：新日本工業
　　　　　　（電気）A　棟：牧野電設
　　　　　　　　　　B・C 棟：三球電機
　　　　　　（機械）A　棟：日化設備工業（給排水衛生）シティー工業（空調換気）
　　　　　　　　　　B・C 棟：島崎工業所（給排水衛生）太伸産業（空調換気）
延 床 面 積　1,09.44㎡（A・B 棟）　519.30㎡（C 棟）
構造・規模　RC 造　地上 2 階
竣　　　工　2018 年

（仮称）港区子ども家庭総合支援センター

法改正により設置可能になった児童相談所と子ども家庭支援センター、母子生活支援施設を一体的に整備し、子どもと家庭を総合的に支援する施設として計画された。子どもと家庭の安全やプライバシーを守りつつ、さまざまな機関がスムーズに連携するための工夫を盛り込んでいる。

　地域と共生し、地域に貢献する公共施設をめざしており、潤いのある緑化された歩行者空間を設け、歩行者や自転車などの安全に配慮した。また、まちの雰囲気と調和させるためレンガ調のタイルやコンクリートの打放し仕上を採用した。

```
所 在 地　東京都港区
建 築 主　港区
施    工　建築：松井・埼和 JV
　　　　　電気：八洲電業社
　　　　　機械：第一設備工業
延 床 面 積　5,369㎡
構造・規模　RC 造　地上 4 階
竣    工　2021 年予定
```

（仮称）板橋区子ども家庭総合支援センター　プロポーザル

区の必要機能とされる児童相談所と子ども家庭支援センターの機能を併せ持つ、子ども家庭総合支援センターを旧小学校跡地の一部に建設する事業である。外観は、施設の用途上、プライバシー保護を重視するため、バルコニー先端に再生木材のルーバーを計画している。一般開放エリアとなる所では、誰もが気軽に相談に訪れやすくするため、ガラス面を大きく取り、内部では暖かみのある設えとした。

```
所 在 地　東京都板橋区　　構造・規模　RC 造　地上 3 階
建 築 主　板橋区　　　　　竣    工　2022 年予定
延 床 面 積　3,500.00㎡
```

（仮称）品川区立児童相談所　プロポーザル最優秀

品川区における児童相談所計画である。敷地は区立子供の森公園内にあり、市街地の中でも緑と静けさが感じられる場所である。児童相談所エリアと一時保護所エリアを階層で明確に区分し、より機能的に、かつ安全・安心に日々を過ごせる計画としている。

```
所 在 地　東京都品川区
建 築 主　品川区
延 床 面 積　約 4,100㎡
構造・規模　RC 造　地上 6 階
竣    工　2022 年予定
```

上野動物園管理事務所

現在の上野動物園の管理施設は老朽化、分散立地、規模や機能の不足など、さまざまな問題を抱えていた。本計画は、上野動物園全体の管理機能を再整備しようとするものである。

　建物の周囲は木々で囲まれており、高さを抑えた計画としている。また、外壁部に木ルーバー、屋上緑化を設けることにより、ファサードに表情を与え、周辺環境に配慮している。省エネの観点から、ガラス部を Low-E 複層ガラスとし、外壁、屋根、最下階の床下には断熱材を設置し、全熱交換機を各階に配置して空調負荷の低減に努めた。

所 在 地　東京都台東区
建 築 主　東京都
延 床 面 積　2,723.81㎡
構造・規模　RC 造　地上 4 階
竣　　　工　2013 年

山梨ポリテクセンター 実習場

本施設は、職業訓練校にある実習場と訓練生ホールを合わせた施設である。女性、障害者、高齢者などのあらゆる受講生でも受講しやすい環境とし、防災面にも十分に配慮し、安心して職業訓練が受講できる施設計画とした。既存の本館との調和を意識しながらも、実習場の工場的な雰囲気を払拭するデザインをめざした。

所 在 地　山梨県甲府市
建 築 主　独立行政法人 高齢・障害・求職者雇用支援機構
施　　　工　（建築）田中建設
　　　　　　（電気）高野電機工業
　　　　　　（機械）大栄設備

延 床 面 積　2,682.03㎡
構造・規模　S 造　地上 2 階
竣　　　工　2019 年

宇都宮地方法務局 足利支局 プロポーザル最優秀

窓口官署として来庁者への配慮ならびに職員の執務環境の向上を図ること、環境負荷低減を考慮した庁舎整備の2つを重点テーマとして設計された。

来庁者の利便性を考慮し、1階は来庁者の多数を占める登記事務関係諸室を配置した。一定のプライバシー配慮が求められる相談室等は2階の奥まった位置としている。来庁者と職員専用のエリアは明確に分離し、職員専用階段を設けることで、効率的な執務が可能な構成とした。

また、環境負荷低減手法として、西日を遮蔽するルーバーや南面のライトシェルフ、屋上緑化を取り入れ、外部からの熱負荷を減少させている。

所 在 地	栃木県足利市
建 築 主	国土交通省 関東地方整備局
施 工	（建築）河本工業 （電気）半田工電社 （機械）鈴木産業
延床面積	1,763.85㎡
構造・規模	RC造 地上2階
竣 工	2010年

山梨県警察学校道場炊食浴棟 プロポーザル最優秀

現存する厚生棟は築41年が経過しており、老朽・狭隘が著しいため、今回の建て替え整備となった。

本施設の周囲は中長期計画により、渡り廊下をループ状に設ける計画とされていた。それにあたり、本施設と本館との関係を重視し、東側の渡り廊下を主要動線と位置付け、メインエントランスを東側に設けた。また、本施設に接する渡り廊下の部分を建物と一体の庇とし、食堂内部と外部をゆるやかに連続させ、開放的な眺望を持たせると同時に、グラウンド側からの景観に対しても特徴的なファサードを形成させることとした。また、緑化に関しては新設する渡り廊下に沿って植栽を施し、渡り廊下を演出することで景観に特徴を与え、施設全体の潤いを向上させる計画としている。

所 在 地	山梨県甲斐市
建 築 主	国土交通省 関東地方整備局
施 工	佐田建設
延床面積	1,567㎡
構造・規模	RC造 地上2階
竣 工	2010年

東京都 第二高潮対策センター

東京港の東部に位置する辰巳の高潮対策センターに対して、西部に位置する港南地区に第二の高潮対策センターを整備する計画である。本施設により、被災などによりいずれかが機能不全に陥った場合にも、もうひとつのセンターから遠隔制御を可能とするバックアップ体制が整った。

想定外の高潮発生時に施設機能を維持できるように、主要な諸室をより安全な2階に配置した。1階にエントランスと駐車場、宿直室、職員待機室、倉庫を配置し、一部作業空間を設け、緊急災害時の資材置き場などに利用する。2階以上の階に施設の中枢である監視操作室、事務室、電気室、発電機室を配置している。

所 在 地	東京都港区	延床面積	1,619.65㎡
建 築 主	東京都	構造・規模	RC造
施 工	（建築）新井組		地上2階
	（電気）高野電気・春日JV	竣 工	2014年
	（衛生）勝工業所		
	（空調）日産温調		

東京消防庁
奥多摩消防署庁舎
（第一庁舎）

奥多摩消防署は、都内最西端山間部に位置し、災害時の消防活動はもとより、山火事や山岳救助での災害拠点としても機能する。災害に強い消防署であるとともに、災害のない町づくりをサポートする施設として、安全で親しみやすい、都民に開かれた庁舎とした。計画敷地が狭隘であり、一つの敷地において要求諸室すべての機能を配置すると奥多摩町においては高層となりすぎ、周辺建物との調和がむずかしくなるため、庁舎機能と訓練機能を分棟配置し、必要面積を満たす計画とした。

　ファサードは敷地が秩父多摩甲斐国立公園内普通地域に該当することから、素材そのものの持つ風合いが周囲の山々と調和するデザインとし、また国道に面する部分に多摩産材を使用し、木の温かみのある雰囲気が町ににじみ出るようにした。

所　在　地　東京都西多摩郡奥多摩町
建　築　主　東京消防庁
施　　　工　（建築）山武コーポレーション
　　　　　　（電気）コバデン
　　　　　　（機械）青和施設工業所
延 床 面 積　1,633.60㎡
構造・規模　SRC造　地上4階
竣　　　工　2017年

東京消防庁
奥多摩消防署別棟

災害に強い消防署であるとともに、災害のない町づくりを第一庁舎と共にサポートする庁舎とした。崖からの離隔により創出した空間に訓練施設を配置することで敷地を有効活用した。特に山岳救助隊を有する本庁舎ならではのボルダリング壁、崖に見立てた傾斜壁、ほふく訓練スペースなど、訓練施設の充実を図った。ファサードは、第一庁舎同様に原色や光沢のある素材を避け、周辺環境に調和する計画とした。

　この庁舎では、災害時に応援部隊などが集結した際の活動拠点となる役割も有しており、簡単な食事や入浴などができるようになっている。

所　在　地　東京都西多摩郡奥多摩町
建　築　主　東京消防庁
施　　　工　（建築）守屋八潮建設
　　　　　　（電気）コバデン
　　　　　　（機械）青和施設工業所
延 床 面 積　739.26㎡
構造・規模　RC造　地上3階
竣　　　工　2019年

東京消防庁城東消防署砂町出張所庁舎

計画地は江東区新砂二丁目の都道と区道に面した三角地にあり、東京メトロ南砂町駅より徒歩2分程度の距離である。地域住民の防災拠点となる施設であり、はしご車2台、救急車2台を車庫に常備している。地域住民が安心して利用できるよう、バリアフリーに十分配慮し、明るい事務室、防災教室を計画した。

外観は角地の構えとして特徴的なL型の門形フレームで表現し、基壇部の1階を重厚な黒、2・3階を明るいグレーの2色構成とし、地域のシンボルとして親しみやすいデザインとした。

所 在 地	東京都江東区	延床面積	1,174㎡
建 築 主	東京都	構造・規模	SRC造 地上4階
施 工	(建築) 江田組	竣 工	2017年
	(電気) 渡部電設		
	(衛生) アイエスアイ工業		
	(空調) 東洋		

柏市消防局西部消防署たなか分署

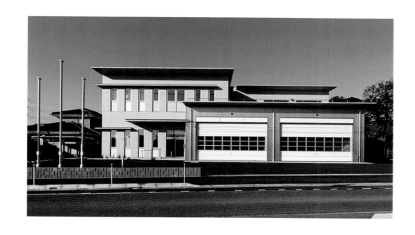

西部消防署大室分署 (現:たなか分署) は、土地区画整理事業地内への移転に伴い、地域の安全を見守る街の交差点に新たに設置された。

建物外観は、磁器質タイル張り、車庫廻りはアルミスパンドレルとして各々特徴を持たせた。デザインのポイントは、横のラインを強調させた庇であり、階高を感じさせないよう工夫した。1階は、見渡しのきく事務室と活動しやすい諸室を配置。2階は、通風・採光を十分に取り入れた諸室配置とした。

所 在 地	千葉県柏市
建 築 主	柏市
施 工	小倉建設
延床面積	884.96㎡
構造・規模	RC造 地上2階
竣 工	2013年

綾瀬市消防本部消防庁舎 (基本設計)

本計画は、現消防本部庁舎の老朽化対策、災害時の拠点機能の確保と整備充実および高齢化による救急需要の増加に対応するため、現庁舎近くの新たな敷地に新庁舎を計画するものである。新庁舎は、現状の不足を補い、災害時の拠点機能の充実を図るとともに、将来の増隊や安全確保も念頭に置き、職員の執務環境の整備や高機能な訓練施設の確保を図った。建物は、性能、コストに配慮したシンプルな形状で構成し、建物のメンテナンスバルコニーに機能をもたせることで建物性能の向上に配慮した。

所 在 地	神奈川県綾瀬市	構造・規模	RC造 地上3階
建 築 主	綾瀬市	竣 工	2019年予定
延床面積	3,790.66㎡ (訓練棟含む)		

八千代市東消防署庁舎 (基本設計)

本計画は、庁舎が狭隘で、緊急時の出動に支障をきたしている東消防署を移転し、消防署の基準を満たす消防車両を配置できる規模の庁舎とするとともに、訓練施設や訓練場を整備するものである。ゆとりある敷地を有効に活用し、出動用ヤード、訓練用ヤードを十分に確保できる配置とし、消防庁舎としての機能向上を図った。施設は、消防活動エリアと仮眠室などのプライベートエリアを明確にゾーニングすることで、署員のスムーズな動きを支援する機能的な計画とした。

所 在 地	千葉県八千代市	構造・規模	RC造 地上2階
建 築 主	八千代市	竣 工	2020年予定
延床面積	1,784.89㎡ (訓練棟他含む)		

港区立芝公園多目的運動場
アクアフィールド芝公園

本施設は、東京タワーや隣接する芝公園の緑を望む景観美に恵まれた場所にある。既存プールの建て替えにあたり、これまでの水泳へのニーズに加え、フットサルやゲートボールなどのニーズに応えるため、多目的運動場として整備した。プールの床を可動床とし、プール利用時以外の期間は可動床をプールサイドまで上昇させ、人工芝を敷き詰め、フットサルやゲートボールとして利用する。

外観はコンクリート打放し仕上げを基調とし、清潔感のある白いタイルと白いテントをポイントにスポーツ施設にふさわしい、さわやかなデザインとした。

所 在 地　東京都港区
建 築 主　港区
施 　 工　アイサワ・谷沢 JV
延床面積　1,198㎡
構造・規模　RC造 地上2階
竣 　 工　2006年

山武市さんぶの森元気館

プロポーザル最優秀

この施設は千葉東金道路の山武成東ICから車でおよそ10分の場所に位置する。周辺は杉林や農地、住宅地が取り囲む緑豊かな地域である。老人福祉センター、屋内水泳場、温泉を主用途とする本施設は山武町の健康福祉の拠点施設として整備された。

敷地境界部分には幅10mのグリーンベルトを設けるなど近隣環境の向上を図っている。また、建物は周辺環境との調和を図り全体を平屋建てとした。

比較的大きな平面となるため、建物内部に自然光と風を導くひかり庭を設けた。このひかり庭は室内プールなどの有料エリアを機能的に分節し、利用者に分かりやすいゾーニングを創り出している。

ファサードには地場産の山武杉を用いて自然の風合いを与え、そのほかの仕上や色彩は山武杉をモチーフとして選定した。

所 在 地　千葉県山武市
建 築 主　山武市（旧山武町）
施 　 工　（建築）安藤建設
　　　　　（電気）関電工
　　　　　（機械）ダイダン
延床面積　4,014㎡
構造・規模　S造 地下1階地上1階
竣 　 工　2005年

平塚市余熱利用施設 （リフレッシュプラザ平塚）

近隣の環境事業センターのごみ焼却により発生する熱エネルギーを有効活用する施設である。計画地は平塚市北部に位置しており、JR 平塚駅よりバスで 20 分程度の距離にある。地域住民の健康づくりや地域交流の拠点となる施設であり、水中トレーニング槽や温浴施設、集会室、多目的室などを整備している。子どもから高齢者までだれもが安心して利用できるよう、バリアフリーに十分配慮した施設とした。

外観は温かみのあるレンガ調せっ器質タイルとし、落ち着いた雰囲気のベージュ系塗装を組み合せ、地域のシンボルとして暖かみがあり親しみやすい外観デザインとしている。

所　在　地　神奈川県平塚市
建　築　主　平塚市
施　　　工　（建築）SKD・平塚竹田組 JV
　　　　　　（電気）柴田電機工業
　　　　　　（機械）川合工業所
延 床 面 積　2,774㎡
構造・規模　RC 造一部 S 造　地下 1 階地上 2 階
竣　　　工　2016 年

練馬区立中村南スポーツ交流センター

公園や住宅、畑に囲まれた緑豊かな閑静な場所にある。住宅地の環境に考慮し、体育館や駐車場を地階に配置することで建物の高さを抑え、周辺まち並みとの調和を図った。屋上緑化や壁面緑化を行い、省エネ対策を行なうとともに、公園との景観に一体感をもたせた。建物中央に公園の緑を望む開放的なホールを配置、そのホールを中心に体育館やプール、武道場を配置することで、利用者がわかりやすい施設構成とした。

体育館には、可動の椅子・ステージを設け、スポーツから集会など、多目的に利用できる計画とした。

所　在　地　東京都練馬区
建　築　主　練馬区
施　　　工　東急・共和・米田 JV
延 床 面 積　6,268㎡
構造・規模　SRC 造一部 S 造　地下 1 階地上 2 階
竣　　　工　2008 年

皇居外苑濠水管理施設

敷地は「国民公園」に指定されている皇居外苑の一角にある。目立たないバックヤードの施設として、木の陰影に溶け込む建物とすること、空の広さを守り、周辺建物と調和した計画とすること、職員の執務環境の向上を図ることの3つを重点テーマとしている。

来訪者の目につきやすい公園側には、外装化粧ルーバーを設置し、木調の風合いで周辺環境に馴じみ、窓開口部を意識させない効果をもたせた。樹木によるブラインドがある日比谷濠側にはリブ状の突起を施したパネルにより、壁面に陰影をつけ、木陰に溶け込むような外壁を選定した。

所 在 地	東京都千代田区
建 築 主	国土交通省 関東地方整備局
施　　工	（主体建物）鉄建建設
	（浄化設備）西原環境
延床面積	548.45㎡
構造・規模	S造　地上2階
竣　　工	2013年

杉並区立今川図書館・ゆうゆう今川館

比較的緑の多い住宅地に建つ、蔵書数150,000冊程度の地域図書館と敬老会館からなる複合建築である。地域のための施設として、地域住民が気軽に立ち寄れるように、特に道路側については開放的なファサードとした。また、一部の壁面には緑化を施し、建物が周囲に自然になじんでいくようにした。

所 在 地	東京都杉並区
建 築 主	杉並区
施　　工	（建築）渡辺建設
	（電気）栄新テクノ
	（衛生）北栄水建
	（空調）保谷
延床面積	1,489.54㎡
構造・規模	RC造、地上2階
竣　　工	2007年

南房総市立内房地区学校給食共同調理場

敷地は南房総市の北部に位置し、市内の小学校5校、中学校3校、幼稚園4園、計1,400食を配送する給食センターとして新設された。HACCPの概念を取入れた確実な衛生管理の実現と「安全でおいしい学校給食」の提供を行なうことのできる施設をめざした。

清浄度区分に応じた明快なゾーニングを行なうとともに、ドライシステムの対応、温度管理への対応、効率のよい作業空間等確立などを考慮した平面計画を行なった。また、震災時の早期復旧も考慮し、オール電化の厨房機器を採用している。

所 在 地	千葉県南房総市	延床面積	1,098.64㎡
建 築 主	南房総市	構造・規模	S造、地上2階
施　　工	（建築）新日本建設	竣　　工	2011年
	（電気）幸洋電設		
	（機械）青木酸素		
	（厨房）中西製作所		

勝浦市学校給食共同調理場

勝浦市の学校給食は、それまでの自校方式からセンター方式へ移行し、安心で、安全な給食の提供に努めてきた。しかし、施設が建設されてから40年を経過し、建物や設備の老朽化や作業効率の悪さなどの課題が生じたため、改築が行われた。調理場全体の温度・湿度を管理できるドライ方式を採用。汚染・非汚染エリアを明確に分けることにより、衛生面をより重視し、安全な給食（1700食）の提供をめざして計画された。東日本大震災の時、炊き出しでおにぎりをつくった経験から、災害時炊き出しが行えるよう、検収室の最低限の照明、換気、電源、ガスを確保できる計画としている。

所 在 地	千葉県勝浦市	延床面積	1,138.56㎡
建 築 主	勝浦市	構造・規模	S造　平屋
施　　工	（建築）佐久間建設、内藤ハウス	竣　　工	2014年
	（電気）内藤ハウス		
	（機械）内藤ハウス		

民間施設
Private Facilities

特別養護老人ホーム
福寿荘 福原山荘

福原山荘は、「森の中のホーム」、「ふつうの暮らし」の実現を、計画当初からの目標とした。居室ユニットごとに、光と風を取り込むのびやかな平面形状と、デイサービスセンターと交流ホールに囲まれた中庭のある平面計画で、すごしやすさや快適さをつくった。

　生活空間は、多様な場所を用意し、日々の「くらし」の豊かさを追求した。大空間の交流ホールはラウンジ、喫茶室および茶室を設置し、日々の暮らしに少しの変化を与える憩いの場として計画した。交流ホールはここならではのイベントを運営するに当たり、ホールや隣接する中棟の共同生活室と連携して、ハレの舞台としての活用が期待されている。

　外装計画は、和風の旅館や茶寮等をモチーフに、砂壁状の外装と漆黒の屋根でデザインした。敷地の入り口には施設イメージを特徴付ける和風の腕木門を設けた。門をくぐると、大きなシンボルツリーの奥に建屋を望み、施設の奥行きとグレード感を創出した。

　近年の建設工事費の動向にかんがみ、木造を採用。交流ホールの大空間を大断面集成材で構成し、木の雰囲気が感じられる施設とした。

所 在 地	岩手県奥州市	施　　　工	（建築）大林組・千葉建設JV	延 床 面 積	2,112.81㎡
建 築 主	社会福祉法人岩手福寿会		（電気）六興電気	構造・規模	W造 平屋
			（機械）三建設備工業	竣　　　工	2014 年

特別養護老人ホーム ゆかり岬

「のびのびと余裕のある空間をもった施設としたい」という建築主の要望に応え、吹き抜けのある特徴的な地域交流ホールを中心として、クラスター型のユニットが羽を伸ばすような施設構成としている。ゆとりの空間や、落ち着きのあるインテリアによって、入所される方はもちろん、そのご家族にも「安心して暮らせる施設」というコンセプトが伝わる施設計画をめざした。地域の方々との交流やさまざまなイベントで使用できる大きな空間を施設の中心にすることで、地域に開かれた明るく快適な老人ホームとなっている。

所 在 地　千葉県いすみ市
建 築 主　社会福祉法人 林声会
施 　 工　（建築）旭建設
　　　　　（電気）モデン工業
　　　　　（機械）協同建設

延 床 面 積　3,771.80㎡
構造・規模　RC造　地上2階
竣 　 　 工　2018年

特別養護老人ホーム　マザーズガーデンアネックス

平面計画にあたり、「風さわやかな森の家」、「我が家のようにほっとできる場所」のコンセプトの実現を目標とした。1階の特養、2階のグループホーム居室ユニットごとに、光と風を取り込むH型の平面形状と、中庭のある平面計画で、過ごしやすさや快適さをつくった。

外装計画は、既存のマザーズガーデンのアネックスとして外観の連続性を確保するように、高原の山小屋風ホテルのモチーフを踏襲し、赤色の切妻屋根とこげ茶と白の外壁で構成した。

所　在　地　千葉県柏市
建　築　主　社会福祉法人 マーナーオークガーデンズ
施　　　工　（建築）鵜沢建設
　　　　　　（電気）昭永電設
　　　　　　（機械）大成温調
延 床 面 積　1,971.61㎡
構造・規模　RC造 耐火構造　地上2階
竣　　　工　2015年

特別養護老人ホーム　松籟の丘

田畑が広がる銚子の高台にある、広域型特別養護老人ホーム・併設老人短期入所施設の合築である。

ホームの基本理念である「恵まれた自然のなかで自分らしい暮らしを」を大切に、自分らしく生きるための暮らしをサポートする施設づくりをめざした。

建物は1,2階に多床室、3階に個室ユニットを設けている。多床室はベッド間に建具を設け、個室のように過ごせる工夫を施すとともに、6室ごとにグルーピングし、小単位でのまとまりを意識できる構成となっている。個室階は、ユニットごとに内装に変化を与え、中心にコミュニティの場となる共同生活室を設けている。

所　在　地　千葉県銚子市
建　築　主　社会福祉法人 銚子市社会福祉事業団
施　　　工　鹿島建設
延 床 面 積　5,241.47㎡
構造・規模　RC造一部S造 地上3階
竣　　　工　2012年

ルジェンテ千代田神保町

計画地は、白山通りに面した地下鉄神保町駅3分の便利な立地にあり、周辺には専修大学、明治大学、日本大学などのアカデミックなキャンパス、千代田区役所、東京法務局などがあり、都心を感じられる場所である。

　住戸計画の構成は1フロア4戸中3戸を角住戸とし、採光や独立性に配慮した。外観は白山通りに面して存在感のあるデザインとなるよう垂直性を強調し、基壇部の黒と上層部の白の2色を基調とした洗練されたモダンな佇まいとした。

所 在 地	東京都千代田区
建 築 主	東急リバブル株式会社
用 　 途	分譲マンション
施 　 工	合田工務店
延 床 面 積	1,999.62㎡
構造・規模	RC造　地上13階
竣 　 工	2015年12月

ミズホ株式会社第二本社ビル

本建物は本郷3丁目に位置し、医療機器メーカーの事務所の第二本社ビルである。道路の反対側には本社ビルがある。L型の敷地となっており、EV・階段などの共用ゾーンをまとめて、事務室ゾーンの確保に努めた。ファサードについては、ガラスのカーテンウォールを用い、開放的な事務所空間とした。省エネの観点から、ガラス部をLow－E複層ガラスとし、外壁、屋根、最下階の床下には断熱材を設置し、全熱交換機を各階に配置することで空調負荷の低減に努めた。

所 在 地	東京都文京区
建 築 主	ミズホ株式会社
用 　 途	オフィスビル
施 　 工	福田組
延 床 面 積	546.62㎡
構造・規模	S造　地上5階
竣 　 工	2013年

ホンダカーズ横浜　港南店

神奈川県内最大級の店舗として本田技研工業の標準店舗仕様にとらわれずにデザインされた旗艦店であり、2013年にオープンした。1階部分にはショールームと整備工場が入口の左右に並んで配置されている。建物前面の芝生や、緩やかな曲線を描いた高さ約10mに及ぶガラス面をデザイン上の特徴としており、ショールームには木目調の素材を織り交ぜながら、前面の芝生と連続した居心地のよい空間づくりを行っている。

所　在　地	神奈川県横浜市
建　築　主	株式会社ホンダカーズ横浜
施　　　工	淺沼組
延 床 面 積	2,089.1㎡
構造・規模	S造　地上2階
竣　　　工	2013年

ホンダドリーム　鴻巣店

2018年2月から刷新されたホンダ二輪車の新販売網「ホンダドリーム」の新築一号店である。外観は黒を、店内は白を基調とし、またシルバーの横ルーバーは、ホンダドリームのロゴを彷彿とさせるとともに、シャープさやバイクのスピード感をもイメージさせる。
　　埼玉県中央を走る幹線道路の国道17号線に正対する横長のガラスファサードが、昼夜間わずバイクをいっそう引き立てるファクターとなっている。

所　在　地	埼玉県鴻巣市
建　築　主	株式会社 ホンダモーターサイクルジャパン
施　　　工	東洋建設
延 床 面 積	549.45㎡
構造・規模	S造　地上2階
竣　　　工	2018年

aune KUMAMOTO

本建物は、市随一の名所の熊本城、熊本市役所に近接し、大通りに面した商業テナントビルである。

　人と人が交差するイメージをアルミパネルとガラスのファサードで構成し、熊本城の景観に調和した落ち着いた色調にしている。1〜4階の中央部にエスカレーターを配し、外部から回遊する動きが見え、2層吹抜けの半屋外アルコーブエントランススペースに通りの人びとを引き込むことを意図した。

所　在　地　熊本県熊本市
建　築　主　株式会社
　　　　　　ジョイント・コーポレーション
施　　　工　松尾建設
延床面積　4,578.01㎡
構造・規模　S造　地上8階
竣　　　工　2008年

黒門平成ビル

本建物は、上野広小路駅に近接し、交通の利便性に恵まれた立地条件を生かしたテナントビルである。視認性のあるファサードによって周囲のビルとの差別化を図り、執務空間の快適性と省エネルギーに努めた計画とした。ファサードはプロフィリットガラス、テラコッタルーバーで構成し、まち並みと調和した特徴的なものとした。執務空間は、プロフィリットガラスにより柔らかな光を取り入れ、断熱性に優れた材料の特性を生かした。

```
所 在 地  東京都台東区
建 築 主  上野広小路 商業協同組合
施     工  安藤建設
延 床 面 積  1,332.83㎡
構造・規模  S 造  地上 10 階
竣     工  2009 年
```

町田メモリアルホール

既存施設は前面道路が傾斜路になっていることから各出入口に高低差があり、廊下には数か所の段差があり、動線のバリアフリー化を計った建替を求められた。道路から平坦な車寄せ、バックヤードスペースをつくるため、最大限の位置までセットバックした配置としている。1 階に葬斎場を設置し、2 階は隣接する墓地を望める会食室、喫茶スペースを配置した。外観は切妻の大屋根に彫の深い御影石張で重厚な佇まいとなっている。

```
所 在 地  東京都町田市      延 床 面 積  1,976.73㎡
建 築 主  太陽物産株式会社   構造・規模  RC 造  地下 1 階  平屋
施     工  三ノ輪建設        竣     工  2012 年
```

```
所 在 地  千葉県千葉市                     延 床 面 積  2,681.23㎡
建 築 主  社団法人千葉県宅地建物取引業協会    構造・規模  RC 造  地上 3 階
施     工  （建築）ナカノコーポレーション（現・ナカノフドー建設）  竣     工  2003 年
          （空調）三建設備工業
          （衛生）三建設備工業
          （電気）共立電設
```

千葉県不動産会館

プロポーザル最優秀

この建物は千葉県内の不動産業者が加入する公益法人の拠点施設であり、主に不動産の無料相談や宅建の法定講習等を行なっている。区画整理による移転に伴い、建て替えが計画された。

まち並み形成の観点から、交差点に向けて開放的な建物とした。大きな吹き抜けの透明なファサードをまちへ向けることで、建物内の活動が感じられ、積極的にまちに関わるデザインとした。これは公益法人の活動する建物であり、一定の公共性を有していることから発想された。色彩は、都市的なイメージとともに、港湾地区の商業地域という特性から、無彩色を基調とした。

建物名称	委託者	竣工年	都道府県	構造	階数	延面積(㎡)	施工者
三興商会本社ビル	三興商会(株)	1962	東京都	SRC	7	2,700	ー
東京マンション	大津屋不動産(株)	1962	東京都	RC	4	2,530	ー
本田技研赤城山健保会館	本田技研工業(株)	1963	群馬県	W	2	450	ー
相模原市北相食品工場	北相食品(株)	1963	神奈川県	RC	2	1,510	ー
レストラン源氏	松岡一	1964	仏国	RC	2	290	ー
港区立御田小学校体育館	東京都港区	1965	東京都	S	1	544	ー
港区立肢体不自由児厚生施設(のぞみの家)	東京都	1965	東京都	S	1	980	ー
ホンダ鈴鹿サーキットビレッヂ	本田技研工業(株)	1965	三重県	RC	3	3,500	清水建設(株)
本田技研狭山クラブハウス	本田技研工業(株)	1965	埼玉県	RC	2	640	ー
熊本本田ドリームセンター	(株)ホンダランド	1965	熊本県	RC	2	1,930	ー
鈴鹿サーキットビレッヂ	(株)ホンダランド	1965	三重県	S/RC	2	6,870	清水建設(株)
鈴鹿サーキットモーターミュージアム	(株)ホンダランド	1965	三重県	RC	2	960	清水建設(株)
丸善石油科学工場プラント	丸善石油科学(株)	1965	千葉県	SRC	1	3,000	ー
大川ゴム工業古川工場	大川ゴム工業(株)	1965	埼玉県	S	1	1,460	ー
都民ゴルフクラブハウス	都民ゴルフ	1965	東京都	RC	2	1,020	ー
群馬県立太田保健所	群馬県	1966	群馬県	RC	2	1,030	ー
港区立神応小学校	東京都港区	1966	東京都	RC	4	2,875	ー
群馬県渋川警察署	群馬県	1966	群馬県	RC	2	1,560	ー
神奈川県教育委員会職員寮	神奈川県	1966	神奈川県	RC	5	3,580	ー
鹿児島県立教育研修センター	鹿児島県	1967	鹿児島県	RC	3	3,119	ー
茨城県立下館保健所	茨城県	1967	茨城県	RC	2	1,160	ー
新潟県立悠久荘病院	新潟県	1967	新潟県	RC	4	1,640	ー
厚木地区教職員住宅	公立学校共済組合	1967	神奈川県	RC	4	975	ー
東京都監察医務院	東京都文京区	1967	東京都	RC	4/1	3,033	ー
雇用促進事業団大岩移転宿舎	独立行政法人雇用・能力開発機構	1967	愛知県	RC	5	3,090	ー
ホンダパーツデポセンター	本田技研工業(株)	1967	大阪府	S	2	2,300	ー
鈴鹿サーキット・ホテル・体育館・プール	(株)ホンダランド	1967	三重県	S/RC	2	9,000	清水建設(株)
協同乳業東京工場	協同乳業(株)	1967	東京都	S/RC	2	2,630	ー
協和トヨペット営業所	協和トヨペット(株)	1967	東京都	S	2	820	ー
戸倉中央ホテル	戸倉中央ホテル(株)	1967	群馬県	RC	5	4,680	ー
東京トヨペット烏山営業所	東京トヨペット(株)	1967	東京都	S	2	960	ー
東京側範(株)厚木工場	東京側範(株)	1967	神奈川県	S	1	4,324	ー
日の出ヶ丘病院	日の出ヶ丘病院	1967	東京都	RC	2	2,900	ー
関西石油堺プラント	日本揮発油(株)	1967	大阪府	S/RC	1	3,500	ー
北区立赤羽保育園	東京都北区	1968	東京都	RC	3	800	ー
新潟県立悠久荘病院(第2期)	新潟県	1968	新潟県	RC	2	1,650	ー
神奈川県警渋沢待機宿舎	神奈川県	1968	神奈川県	RC	5	1,427	ー
渋谷区立笹塚中学校	東京都渋谷区	1968	東京都	RC	4	630	ー
警視庁警察官待機宿舎(小岩至誠寮)	東京都警視庁	1968	東京都	RC	5	1,210	ー
群馬県警伊勢崎警察署	群馬県	1968	群馬県	RC	3	1,559	ー
雇用促進事業団下五井移転宿舎	独立行政法人雇用・能力開発機構	1968	愛知県	RC	5	6,110	ー
港区立神応幼稚園	東京都港区	1968	東京都	RC	1	220	ー
鈴鹿サーキットテクニカルホール	(株)ホンダランド	1968	三重県	S	2	1,998	清水建設(株)
本田技研工業(株)健保体育館	本田技研工業(株)	1968	三重県	SRC	2	1,870	ー
リリー壁装センター	(株)カワキチ	1968	東京都	RC	6	1,590	ー
茨城県立下館保健所(第2期)	茨城県	1968	茨城県	RC	2	1,040	ー
ひたちなか市立阿字ヶ浦中学校	茨城県ひたちなか市	1968	茨城県	RC	2	1,240	ー
ドミ小石川	丸紅飯田(株)	1968	東京都	SRC	14/1	16,930	鹿島建設(株)
神鋼商事(株)伊豆保養館	神鋼商事(株)	1968	静岡県	RC	2	380	ー
神鋼鎌倉寮	神鋼商事(株)	1968	神奈川県	RC	4	960	ー
尾山台医院	東昌基	1968	東京都	RC	3	430	ー
日本醸造工業十日町工場	日本醸造工業(株)	1968	茨城県	S	2	1,850	ー
埼玉県立所沢商業高等学校(第2期)	埼玉県	1969	埼玉県	RC	4	4,260	ー
墨田区立両国小学校体育館	東京都墨田区	1969	東京都	RC/S	2	748	ー
港区立神応小学校(第2期)	東京都港区	1969	東京都	RC	3	300	ー
茨城県立常陸太田保健所	茨城県	1969	茨城県	RC	2	894	ー
青梅市消防団第4部第4部器具庫	東京都青梅市	1969	東京都	RC	2	150	ー
熊本県立人吉高等学校	熊本県	1969	熊本県	RC	4	10,790	ー
都立代々木高等学校体育館	東京都	1969	東京都	RC/S	2	710	ー
新潟県立悠久荘病院小児科体育館(第3期)	新潟県	1969	新潟県	S	2	500	ー
墨田区立吾嬬第1中学校	東京都墨田区	1969	東京都	RC	4	2,060	ー
練馬区立旭丘小学校	東京都練馬区	1969	東京都	RC	3	540	ー
雇用促進事業団裾野町宿舎	独立行政法人雇用・能力開発機構	1969	静岡県	RC	4	5,300	ー
本田技研工業(株)九州支店	本田技研工業(株)	1969	福岡県	RC	2/1	1,714	ー
本田技研台配車センター	本田技研工業(株)	1969	宮城県	RC	2	1,200	ー
厚木自動車部品飯山工場(第2期)	厚木自動車部品(株)	1969	神奈川県	RC	4	11,700	(株)大林組
フランスベット三重厚生センター	フランスベット(株)	1969	三重県	RC	2	1,098	ー
フランスベット三重工場	フランスベット(株)	1969	三重県	S	1	10,271	(株)松村組
菊池邸	菊池信一	1969	東京都	W	2	160	ー
大脇病院	大脇病院	1969	東京都	RC	4	300	ー
滝口ビル	滝口信一	1969	東京都	RC	4	530	ー
フランスベット興南寮	日本住宅公団中部支所	1969	三重県	RC	4	850	ー
巣鴨NJKセンター	日本醸造工業(株)	1969	東京都	SRC	4/2	12,872	ー
国立心身障害者コロニー	関東地方整備局	1970	群馬県	RC	4	1,030	ー
都営高層住宅王子3丁目団地	東京都	1970	東京都	SRC	11	12,741	ー
茨城県立中央青年の家研修館	茨城県	1970	茨城県	S	1	500	ー
練馬区立中村中学校(第1期)	東京都練馬区	1970	東京都	RC	3	1,887	ー
青森県大鰐町国民保養センター	青森県南津軽郡大鰐町	1970	青森県	RC	4	912	ー
ひたちなか市立那珂湊第二保育所	茨城県ひたちなか市	1970	茨城県	RC	2	840	ー

建物名称	委託者	竣工年	都道府県	構造	階数	延面積(㎡)	施工者
鹿児島県立青少年センター	鹿児島県	1970	鹿児島県	RC	4	8,930	ー
都立足立高等学校体育館	東京都	1970	東京都	RC	4	1,510	ー
神奈川県立小田原城東高等学校	神奈川県	1970	神奈川県	RC	4	3,230	ー
鈴鹿独身寮	(株)ホンダランド	1970	三重県	RC	2	1,268	清水建設(株)
ホンダSF全国展開88事業所	本田技研工業(株)	1970	全国	S	2	500	ー
本田技研工業トレーニングセンター	本田技研工業(株)	1970	埼玉県	RC	1	1,360	ー
ゴールドネオンビル	ゴールドネオン電業(株)	1970	東京都	RC	7/1	1,311	ー
ハイネス立川マンション	ハイネス恒産(株)	1970	東京都	SRC	11	8,522	小松建設工業(株)
フランスベット浜松工場	フランスベット(株)	1970	静岡県	RC	1	1,930	(株)松村組
第二越智ビル	越智産業(株)	1970	東京都	SRC	8/1	754	ー
協同電子(株)塩川工場	協同電子技術研究所	1970	福島県	RC	2	1,433	ー
小関邸	小関博	1970	東京都	W	2	150	ー
東京側範(株)第三工場	東京側範(株)	1970	神奈川県	RC	3	8,647	(株)藤田組
港区立西麻布保育園	東京都港区	1970	東京都	RC	5	1,638	ー
白山マンション	日本ハウジング興産(株)	1970	東京都	SRC	13/2	6,037	大木建設(株)
熊本県立人吉高等学校管理棟	熊本県	1971	熊本県	RC	4	4,085	ー
都営高層住宅東伏見1丁目団地	東京都	1971	東京都	SRC	14	9,386	ー
港湾労働者第一宿泊所	東京都	1971	東京都	RC	5	2,110	ー
警視庁警察官待機宿舎(中野寮)	東京都警視庁	1971	東京都	RC	4	2,672	西松建設(株)
玉川税務署	関東地方整備局	1971	東京都	RC	3	1,650	ー
練馬区立北町中学校(第1期)	東京都練馬区	1971	東京都	RC	3	1,682	ー
渋谷区立笹塚中学校(第2期)	東京都渋谷区	1971	東京都	RC	4	1,370	岡崎建設(株)
都営高層住宅豊島3丁目団地及び坂下1丁目第2団地	東京都	1971	東京都	RC/SRC	8・11	10,321	ー
埼玉県立所沢商業高等学校(第2期)	埼玉県	1971	埼玉県	RC	4	4,260	ー
新宿区立諏訪町福祉会館	東京都新宿区	1971	東京都	RC	3/1	1,780	ー
埼玉県立所沢商業高等学校(第2期)	埼玉県	1971	埼玉県	RC	4	4,260	ー
横浜市立南瀬谷小学校	神奈川県横浜市	1971	神奈川県	RC	4	4,010	ー
鹿児島印刷工業団地	鹿児島県印刷工業団地協同組合	1971	鹿児島県	S	1	6,848	ー
ハイネス大塚	ハイネス恒産(株)	1971	東京都	SRC	11	3,408	ー
トヨタカローラ神奈川営業所	トヨタカローラ神奈川(株)	1971	神奈川県	S	2	416	久保田建設(株)
ハイネス中野マンション	ハイネス恒産(株)	1971	東京都	SRC	11	2,793	(株)淺沼組
ハイネス柏木マンション	ハイネス恒産(株)	1971	東京都	RC	6/1	2,303	(株)淺沼組
都営高層住宅坂下1丁目第2団地	東京都	1971	東京都	RC	11	7,551	ー
渋谷区立笹塚幼稚園	東京都渋谷区	1971	東京都	RC	1	950	ー
江塚センタービル	富洋恒産(株)	1971	神奈川県	RC	7	1,680	ー
東京都監察医務院増築	東京都	1972	東京都	RC	5/1	950	日東建設(株)
熊本県立人吉高等学校寄宿舎	熊本県	1972	熊本県	RC	3	811	ー
熊本県立松橋高等学校	熊本県	1972	熊本県	RC	4	11,510	ー
墨田区立梅若小学校	東京都墨田区	1972	東京都	RC	3	1,310	ー
世田谷区立桜丘小学校	東京都世田谷区	1972	東京都	RC	2	1,143	ー
埼玉県立所沢商業高等学校(第3,4期)	埼玉県	1972	埼玉県	RC	4	3,100	ー
横浜市立南瀬谷小学校給食室	神奈川県横浜市	1972	神奈川県	RC	1	450	ー
都営中層住宅荒川1丁目団地	東京都	1972	東京都	RC	5/1	2,635	ー
品川区立第一日野幼稚園	東京都品川区	1972	東京都	RC	2	440	ー
都立足立高等学校	東京都	1972	東京都	RC	4	1,700	ー
埼玉県立所沢商業高等学校(第4期)	埼玉県	1972	埼玉県	RC	4	3,200	ー
波屋川口マンション	波屋建物(株)	1972	埼玉県	SRC	11	5,519	ー
日本電経堂マンション	日本電建(株)	1972	東京都	RC	8	2,115	(株)竹中工務店
厚木自動車部品飯山工場(第3期)	厚木自動車部品(株)	1972	神奈川県	S	2	12,624	(株)大林組
イリス製菓(株)厚木工場	イリス製菓(株)	1972	神奈川県	S/W	2	477	ー
東西石油鷹番ハイツ	東西石油(株)	1972	東京都	RC	5	1,470	ー
小田急御殿場ボーリング場	小田急電鉄(株)	1972	静岡県	RC	2	3,217	小田急建設(株)
都営高層住宅赤羽西5丁目団地	東京都	1973	東京都	SRC/RC	7・8	6,439	ー
東京都監察医務院特別解剖室	東京都	1973	東京都	RC	1	150	日東建設(株)
佐久裁判所	関東地方整備局	1973	長野県	RC	2	1,100	ー
新宿区立落合第2中学校	東京都新宿区	1973	東京都	RC	2	890	ー
練馬区立北町中学校(第2期)	東京都練馬区	1973	東京都	RC	4	1,640	ー
都営高層住宅亀戸7丁目団地	東京都	1973	東京都	SRC	10	5,070	ー
大和実業杉田流通センター	大和実業(株)	1973	神奈川県	S/RC	2	9,386	松本建設(株)東京支店
グランドマリアス	宝日商(株)	1973	群馬県	SRC	9	3,868	五洋建設(株)
サマリヤマンション川口	(株)サマリヤ社	1973	埼玉県	RC	9	12,617	ー
藤代マンション	欧亜建設(株)	1973	東京都	RC	5	1,250	ー
シャンボール上馬マンション	(株)大蔵屋	1973	東京都	SRC	14	3,940	三菱建設(株)
福祉協会西船橋住宅	財団法人全国労働福祉協会	1973	千葉県	SRC	11	775	青木建設(株)
シャンボール第二中野	(株)大蔵屋	1973	東京都	RC	5	6,790	ー
田代ビル	(株)田代商店	1973	東京都	RC	6	1,042	ー
佐野氏熱海別荘	佐野彰	1973	静岡県	RC/W	3	270	ー
ミツワ石鹸川口工場	ミツワ石鹸(株)	1973	埼玉県	S	2	2,820	青木建設(株)
フランスベット三重工場(第2期)	フランスベット(株)	1973	三重県	S	1	5,130	(株)松村組
第一鋳造工場	第1鋳造(株)	1973	埼玉県	S	3	470	ー
平岩石油江古田ビル	平岩石油販売(株)	1973	東京都	RC	7	1,690	(株)山善
練馬区立中村中学校(第2期)	東京都練馬区	1974	東京都	RC	4	2,795	ー
都営高層住宅笹塚3丁目第2団地	東京都	1974	東京都	RC	4	1,474	ー
世田谷区立桜丘小学校(第2期)	東京都世田谷区	1974	東京都	RC	3	2,230	ー
新宿区民健康センター	東京都新宿区	1974	東京都	RC	5/1	2,475	大日本土木(株)
東京消防庁麻布消防署及び職員麻布住宅	東京消防庁	1974	東京都	SRC	8/1	3,120	ー
豊島区立池袋保健所	東京都	1974	東京都	RC	4/1	1,578	ー
埼玉県立所沢商業高等学校(第5期)	埼玉県	1974	埼玉県	RC	1	1,090	ー
日本筋ジストロフィー協会蓮田訓練施設	(株)日本筋ジストロフィー協会	1974	埼玉県	RC	1	300	ー
日本食糧倉庫定温倉庫	日本食糧倉庫(株)	1974	東京都	S	1	479	石原建設(株)
神園コーポ	新建設(株)	1974	東京都	RC	2	794	新建設

鈴鹿サーキットビレッヂ

東京都監察医務院 撮影/イースタン写真

ドミ小石川

厚木自動車部品飯山工場(第2期)

鹿児島県立青少年センター 撮影/不二青

建物名称	委託者	竣工年	都道府県	構造	階数	延面積(㎡)	施工者
トーメン東品川ガーデニア	(株)トーメン	1974	東京都	SRC	11	6,786	東急建設(株)
本田ビル	本田実男	1974	東京都	RC	6/1	524	(株)林組
シャンボール西川口	(株)大蔵屋	1974	東京都	RC	7	5,200	埼玉建興(株)
ウインザーハイム川口マンション	品川燃料(株)	1974	埼玉県	SRC	11	13,409	埼玉日本土木(株)
東海永代マンション	東海土地建物(株)	1974	東京都	RC	7	2,852	大日本土木(株)
シャンボール市川	(株)大蔵屋	1974	東京都	RC	7	3,940	松井建設(株)
エザワビル	江沢電機(株)	1974	埼玉県	RC	4	483	エコー建設(株)
板橋区立板橋第九小学校	東京都板橋区	1975	東京都	RC	3	1,550	ー
警視庁飯田橋庁舎及び待機宿舎(飯田橋荘)	東京都警視庁	1975	東京都	SRC	9/1	9,356	ー
港区立西桜福祉会館、青年館	東京都港区	1975	東京都	RC	5/1	1,954	ー
品川区立伊東小学校	東京都品川区	1975	東京都	RC	4	1,708	ー
都立大塚看護学院	東京都	1975	東京都	RC	4/1	3,913	日東建設(株)
鹿児島市北部清掃工場管理棟	(株)タクマ	1975	鹿児島県	RC	2	1,340	ー
川鉄ストリッパーヤード	(株)JFE設計	1975	千葉県	S	1	7,570	ー
大丸ピーコック板橋店	(株)大丸	1975	東京都	RC	3	1,930	ー
新輝合成滋賀工場	新輝合成(株)	1975	滋賀県	S	1	3,310	ー
西船橋やまの住宅	財団法人全国勤労者福祉協会	1975	千葉県	RC	4	977	青木建設(株)
共同電気株式会社吉岡工場	共同電気(株)	1975	宮城県	RC	2	5,160	ー
安斉邸	安斉弘	1975	東京都	W	2	130	ー
松岡邸	松岡茂	1975	鹿児島県	W	2	387	ー
新妻邸	新妻輝雄	1975	東京都	W	2	114	ー
雪印乳業関西チーズ工場	雪印乳業(株)	1975	兵庫県	RC	2	1,156	ー
北林邸	北林照蔵	1975	鹿児島県	RC/W	2	206	ー
新宿区立淀橋第3幼稚園	東京都新宿区	1976	東京都	RC	2	643	ー
港区立芝プール	東京都港区	1976	東京都	RC	2	595	ー
品川区立旗の台社会福祉センター	東京都品川区	1976	東京都	RC	2		ー
橋本4丁目市街地住宅	独立行政法人都市再生機構	1976	神奈川県	SRC	8	12,483	ー
都立足立東高等学校	東京都	1976	東京都	RC	5	9,649	竹中工務店・金沢建設
埼玉県赤十字血液センター	埼玉県	1976	埼玉県	RC	2/1	2,281	ー
荒川区立心身障害者福祉センター	東京都荒川区	1976	東京都	RC	5/1	2,635	ー
都立府中勤労福祉会館	東京都	1976	東京都	RC	2	3,132	青木建設(株)
高宮商店調布倉庫	(株)高宮商店	1976	東京都	S	2	675	三勝建設(株)
トーメン市川鉄鋼センター	(株)トーメン	1976	千葉県	S	1	6,600	鹿島建設(株)
山下邸	山下鶴夫	1976	東京都	RC	2	250	岩本組
西船橋農協総合施設	西船橋農協	1976	千葉県	RC	2	2,470	ー
デニーズレストラン(関東展開9店舗)	(株)デニーズジャパン	1976	東京都	S	1	680	ー
照国神社手水舎・絵馬舎	(社)照国神社	1976	鹿児島県	W	1	70	ー
西光寺納骨堂	(社)西光寺	1976	鹿児島県	RC	1	50	ー
山下邸	山下忠	1976	埼玉県	W	1	110	ー
雪印乳業別海工場	雪印乳業(株)	1976	北海道	S	1	6,365	鹿島建設(株)
藤岡ビル	藤岡昭	1976	東京都	RC	3/1	300	ー
中野区立沼袋地域センター・障害者福祉会館	東京都中野区	1977	東京都	RC	2	620	ー
目黒区立第10中学校	東京都目黒区	1977	東京都	RC	3	560	ー
警視庁東大和庁舎及び待機宿舎	東京都警視庁	1977	東京都	RC	4/1	4,620	ー
足立区立第5中学校体育館	東京都足立区	1977	東京都	RC	2	900	ー
新宿区立中落合福祉施設	東京都新宿区	1977	東京都	RC	2/1	1,982	西武建設(株)
雇用促進旭宿舎	独立行政法人雇用・能力開発機構	1977	千葉県	RC	5	1,797	ー
品川区立品川保健所	東京都品川区	1977	東京都	RC	2	2,950	ー
塩浜賃貸住宅	東京都住宅供給公社	1977	東京都	SRC	10	5,755	増岡組
鹿児島県屋久町コミュニティセンター	鹿児島県熊毛郡屋久町	1977	鹿児島県	RC	3	1,603	大豊建設(株)
都立稲城高等学校	東京都	1977	東京都	RC	3	8,903	古久根・三田村JV
鹿屋市文化会館	鹿児島県鹿屋市	1977	鹿児島県	RC	3/1	4,600	ー
株式会社トンボ小山寮	(株)トンボ	1977	東京都	RC	3	430	ー
肢体不自由施設やまびこ学園	社会福祉法人向陽会	1977	鹿児島県	RC	2	5,191	ー
新輝合成行田工場	新輝合成(株)	1977	埼玉県	S	2	2,010	ー
九州富士通入来工場(第1期)	富士通(株)	1977	鹿児島県	S	1	2,770	春園組
鹿児島県加世田市村集会施設	鹿児島県南さつま市	1978	鹿児島県	RC	1	250	ー
鹿児島大学留学生寄宿舎	鹿児島大学	1978	鹿児島県	RC	4	1,430	ー
目黒区立不動小学校	東京都目黒区	1978	東京都	RC	2	360	ー
鹿児島県屋久町国民体育館	鹿児島県熊毛郡屋久町	1978	鹿児島県	S/RC	2	2,156	ー
練馬区立中村中学校(第3期)	東京都練馬区	1978	東京都	RC	3	524	ー
世田谷区立下馬幼稚園	東京都世田谷区	1978	東京都	RC	3	1,103	ー
東京都小笠原村母島火葬場	東京都	1978	東京都	RC	1	70	ー
埼玉県立第四図書館	埼玉県	1978	埼玉県	RC	3	3,522	ー
警視庁警察官待機宿舎(立川北寮)	東京都警視庁	1978	東京都	RC	2	2,530	ー
中野区立心身障害者センター	東京都	1978	東京都	RC	4	4,000	ー
平山病院	医療法人晴山会	1978	千葉県	RC	2	1,341	東急建設(株)
酒田流通センター組合会館	協同組合酒田流通センター	1978	山形県	RC	2	1,410	ー
鹿児島県土地改良組合連合会会館	鹿児島県土地改良事業団体組合連合会	1978	鹿児島県	RC	6	2,857	坂本建設(株)
鹿児島大学農学部附属農場研究実習棟	鹿児島大学	1979	鹿児島県	RC	2	2,140	ー
江東区立越中島小学校屋内運動場	東京都江東区	1979	東京都	S	1	1,120	ー
都立足立東高等学校増築	東京都	1979	東京都	RC/S	3	10,722	(株)竹中工務店
目黒区立東山中学校プール	東京都目黒区	1979	東京都	RC	1	168	ー
品川区衛生試験所	東京都品川区	1979	東京都	RC	2	840	ー
豊島区立千川中学校プール	東京都豊島区	1979	東京都	RC	1	110	ー
品川区立御殿山小学校	東京都品川区	1979	東京都	RC	3	570	ー
江東区立越中島小学校	東京都江東区	1979	東京都	RC	4	3,805	ー
港区立豊岡福祉会館	東京都港区	1979	東京都	RC	4/1	1,607	ー
板橋区立加賀福祉施設	東京都板橋区	1979	東京都	RC	2	3,000	ー
新宿区立四谷3小学校及び四谷第3幼稚園	東京都新宿区	1979	東京都	RC	4	4,500	ー
練馬区立大泉図書館	東京都練馬区	1979	東京都	RC	2/1	1,985	ー
川内野外趣味活動施設	独立行政法人雇用・能力開発機構	1979	鹿児島県	RC	2	600	ー
鹿児島県蒲生町中央公民館	鹿児島県姶良郡蒲生町	1979	鹿児島県	RC	2	1,810	(株)フジタ
鹿児島県立図書館・視聴覚センター	鹿児島県	1979	鹿児島県	RC	4/1	9,954	(株)錢高組
トーメン浜田山ガーデニア	トーメンハウジング	1979	東京都	RC	3	3,390	(株)フジタ
やまびこ整肢学園職員宿舎	社会福祉法人向陽会	1979	鹿児島県	RC	2	1,200	ー
医療法人阪和病院阪和泉病院	医療法人阪和病院	1979	大阪府	RC	5	17,210	ー
山岸邸	山岸八重子	1979	鹿児島県	RC	2	154	ー
鹿児島テレビ放送	鹿児島テレビ放送(株)	1979	鹿児島県	SRC	2/1	743	大成建設(株)福岡支店
中国貴州精練プラント陰極工場	日軽産業(株)	1979	中国	S	2	9,240	ー
文京区検査センター	東京都文京区	1980	東京都	RC	3	940	ー
都立稲城高等学校特別教室	東京都	1980	東京都	RC	4	330	ー
鹿児島県加世田市民総合センター	鹿児島県南さつま市	1980	鹿児島県	RC	3	2,502	(株)前田建設
港区立桜川小学校体育館・屋上プール	東京都港区	1980	東京都	SRC	2	979	ー
都営中層住宅浮間1丁目団地	東京都	1980	東京都	RC	5	3,180	ー
東京都住宅供給公社豊洲1丁目団地	東京都住宅供給公社	1980	東京都	RC	14	17,410	ー
都立しいの木養護学校	東京都	1980	千葉県	RC	2	5,400	島藤建設(株)・旭建設(株)
埼玉県東部福祉センター	埼玉県	1980	埼玉県	RC	4/1	3,272	熊谷組
埼玉県上尾市民体育館	埼玉県上尾市	1980	埼玉県	S/RC	2	6,654	鹿島建設(株)
花王石鹸(株)石川流通センター	花王石鹸(株)	1980	石川県	S	2	2,500	東急建設(株)
花王石鹸(株)山社屋	花王石鹸(株)	1980	福島県	RC	2	1,560	清水建設(株)
鶴川胃腸科医院	田畑建久	1980	東京都	RC	2	290	ー
平山病院(第2期)	医療法人晴山会	1980	千葉県	RC	5	1,220	東急建設(株)
福崎医院	福崎三彦	1980	鹿児島県	RC	4	890	ー
花王石鹸鹿島工場家族寮・独身寮	花王石鹸(株)	1980	茨城県	RC	4	4,582	勝丸建設(株)
中村邸	中村博重	1980	東京都	RC	2	297	ー
目黒区立八雲小学校校舎・プール	東京都目黒区	1981	東京都	RC	2	1,136	ー
埼玉県立高等学校重層体育館	埼玉県	1981	埼玉県	RC	3	2,710	ー
鹿児島大学歯学部体育館	鹿児島大学	1981	鹿児島県	RC/S	1	1,072	ー
賃貸住宅(下里第2住宅)	東京都住宅供給公社	1981	東京都	RC	16	16,938	ー
大口市民文化会館	鹿児島県大口市	1981	鹿児島県	RC	4/1	3,900	(株)フジタ
杉並区立杉並生活実習所	東京都杉並区	1981	東京都	RC	2	1,500	ー
大口市立図書館	鹿児島県大口市	1981	鹿児島県	RC	4/1	3,900	(株)フジタ
鹿屋市立図書館・視聴覚センター	鹿児島県鹿屋市	1981	鹿児島県	RC	2	2,073	(株)錢高組
(株)大津屋墨田営業所	(株)大津屋	1981	東京都	S	4	1,600	(株)阪本工務店
九州富士通入来工場(第2期)	富士通(株)	1981	鹿児島県	S	1	5,351	(株)春園組
江川病院	江川病院	1981	鹿児島県	RC	3	964	清水建設(株)
小山田団地B-1街区管理事務所・集会所	独立行政法人都市再生機構	1982	東京都	RC	1	120	ー
三鷹市北野地区公会堂	東京都三鷹市	1982	東京都	RC	2	261	ー
渋谷区立本町中学校講堂兼雨天体操場	東京都渋谷区	1982	東京都	SRC	2/1	1,663	ー
鹿屋市働く婦人の家	鹿児島県鹿屋市	1982	鹿児島県	RC	1	1,019	豊明建設(株)
世田谷区立八幡中学校校舎・プール	東京都世田谷区	1982	東京都	RC	4	1,763	大明建設・横山建設
高尾野町立病院	鹿児島県出水市	1982	鹿児島県	RC	2	1,700	ー
内之浦町国民保険病院	鹿児島県肝属郡肝付町	1982	鹿児島県	RC	2	2,300	ー
菱刈町役場庁舎	鹿児島県伊佐市菱刈町	1982	鹿児島県	RC	2	2,955	(株)熊谷組
(株)阿由葉工業本社	(株)阿由葉工業	1982	千葉県	S	2	570	ー
特別養護老人ホーム南方園	社会福祉法人明星福祉会	1982	鹿児島県	RC	1	1,600	(株)岩田組
林邸	林正三	1982	東京都	RC	6/1	1,244	渡辺建設
第2大博マンション	(株)大中工務店	1982	東京都	RC	5	2,449	(株)大中工務店
内之浦国民保険病院医師住宅	鹿児島県肝属郡肝付町	1983	鹿児島県	RC	2	2,050	ー
大田区立大森第7中学校校舎	東京都大田区	1983	東京都	RC	4	4,500	ー
目黒区立目黒本町5丁目複合施設	東京都目黒区	1983	東京都	RC	4	1,310	ー
東京都水道局特別作業隊庁舎	東京都	1983	東京都	S	2	1,141	ー
新宿区立障害者福祉センター	東京都新宿区	1983	東京都	RC	3/1	3,600	(株)フジタ
警視庁城東警察署庁舎	東京都警視庁	1983	東京都	SRC	6/1	4,843	多田建設(株)
埼玉県立病弱養護学校	埼玉県	1983	埼玉県	RC	3	3,477	佐伯工務店
埼玉県赤十字第二血液センター	埼玉県	1983	埼玉県	RC	3	2,990	佐伯建設(株)
世田谷区立八幡中学校校舎	東京都世田谷区	1983	東京都	RC	3	3,170	ー
内之浦町立内之浦中学校屋内運動場	鹿児島県肝属郡肝付町	1983	鹿児島県	RC	1	870	ー
内之浦町立内之浦中学校校舎	鹿児島県肝属郡肝付町	1983	鹿児島県	RC	1	90	ー
喜界町立小野津小学校	鹿児島県大島郡喜界町	1983	鹿児島県	RC	2	980	ー
喜界町立中央公民館	鹿児島県大島郡喜界町	1983	鹿児島県	RC	2	154	ー
古河市立大和小学校	茨城県古河市	1983	茨城県	RC	2	2,338	森田建設工業(株)
神奈川県立ひばりヶ丘学園	神奈川県	1983	神奈川県	RC	2	8,038	ー
埼玉県赤十字第二血液センター	埼玉県	1983	埼玉県	RC	2/1	2,990	佐伯建設(株)
東ビル	東正臣	1983	東京都	RC			ー
明治百年記念館黎明館	鹿児島県	1983	鹿児島県	RC	4/1	16,129	鹿島建設(株)
都営住宅成城アパート	東京都	1984	東京都	RC	2	3,040	ー
江東区営城東プール	東京都江東区	1984	東京都	S	2	330	ー
古河市立仁連小学校特別教室	茨城県古河市	1984	茨城県	RC	2	1,330	青木建設(株)
古河市立仁連小学校プール	茨城県古河市	1984	茨城県	S	1	70	青木建設(株)
埼玉県赤十字センター第二大宮出張所	埼玉県	1984	埼玉県	CB	2	330	ー
雇用促進住宅樋脇宿舎	独立行政法人雇用・能力開発機構	1984	鹿児島県	RC	5	4,470	ー
喜界町国民健康保険診療所	鹿児島県大島郡喜界町	1984	鹿児島県	RC	2	830	ー
古河市立仁連小学校体育館	茨城県古河市	1984	茨城県	SRC	1	1,040	青木建設(株)
新宿区立障害者福祉センター	東京都新宿区	1984	東京都	RC	3/1	3,600	(株)フジタ
古河市立仁連小学校	茨城県古河市	1984	茨城県	RC	2		青木建設(株)
神奈川県立ひばりヶ丘学園	神奈川県	1984	神奈川県	RC	2	8,038	松尾建設(株)
九州富士通入来工場西3番館	富士通(株)	1984	鹿児島県	S	3	11,480	春園組
浅古ビル	埼玉建興(株)	1984	埼玉県	SRC	8	5,490	埼玉建興(株)
中野区立第二福祉作業所・南中野児童館	東京都中野区	1985	東京都	RC	3/1	2,180	ー

警視庁飯田橋庁舎及び待機宿舎

山下邸　撮影／Torihata Kazunori

肢体不自由施設やまびこ学園

明治百年記念館黎明館

神奈川県立ひばりヶ丘学園
撮影／サイトーフォト

建物名称	委託者	竣工年	都道府県	構造	階数	延面積(㎡)	施工者
大田区立御園中学校給食室	東京都大田区	1985	東京都	S	1	212	—
古河市立八俣小学校校舎	茨城県古河市	1985	茨城県	RC	4	2,670	飛島建設(株)
調布市第十地域福祉センター	東京都調布市	1985	東京都	RC	1	500	阿部建設(株)
小平市立小平第6小学校給食室	東京都小平市	1985	東京都	SRC	1	383	—
ホンダクリオ新潟 本店	本田技研工業(株)	1985	新潟県	S	2	525	(株)本間組
ホンダクリオ新潟 新発田店	本田技研工業(株)	1985	新潟県	S	1	352	清水建設(株)
ホンダベルノ東京南 港店	本田技研工業(株)	1985	東京都	S	2	277	間組
ホンダベルノ東都 文京店	本田技研工業(株)	1985	東京都	S	2	1,070	間組
善林寺	宗教法人善林寺	1985	東京都	SRC	7	750	—
高良邸	高良達也	1985	鹿児島県	W	2	180	—
大田区立雪谷小学校プール	東京都大田区	1986	東京都	RC	1	280	—
コーシャハイム小松川	東京都住宅供給公社	1986	東京都	SRC	14	32,176	—
杉並区立上井草福祉園(あけぼのの園)	東京都杉並区	1986	東京都	SR	2	1,370	—
串木野市立羽島小学校屋内運動場	鹿児島県いちき串木野市	1986	鹿児島県	RC/S	1	780	—
桜島町総合体育館	鹿児島県鹿児島市	1986	鹿児島県	RC/S	2	4,359	飛島・小松JV
東京都下水道局練馬支所及び練馬西出張所分所	東京都	1986	東京都	RC	4/1	2,892	—
足立区立千住5丁目児童館・老人館	東京都足立区	1986	東京都	RC	—	809	田中建設工業
青梅市日向和田1丁目自治会館	日向和田1丁目自治会	1986	東京都	S	2	160	—
米盛邸	米盛忠志	1986	鹿児島県	RC	3	130	—
井上邸	井上繁	1986	東京都	RC	3	139	本間建設(株)
太洋産業(株)品川倉庫	太洋産業(株)	1986	東京都	SRC	5	7,576	青木建設(株)
安野邸	安野和則	1986	東京都	RC	3	330	—
大田区糀谷特別出張所	東京都大田区	1987	東京都	RC	2	700	—
菱刈町立本城小学校屋内運動場	鹿児島県伊佐郡菱刈町	1987	鹿児島県	RC/S	1	800	—
調布市立第五中学校、第七中学校校舎	東京都調布市	1987	東京都	RC	4	4,500	—
目黒区立鷹番小学校プール	東京都目黒区	1987	東京都	S/CB	1	300	—
板橋区立板橋第1小学校プール・クラブハウス	東京都板橋区	1987	東京都	RC	2	280	—
青梅市消防団第一分団第五部器具置場	東京都青梅市	1987	東京都	S	1	80	—
都営住宅上祖師谷1丁目第2団地	東京都	1987	東京都	RC	3	4,650	—
喜界町赤連集会施設	鹿児島県大島郡喜界町	1987	鹿児島県	RC	2	530	—
コーシャハイム臨海2丁目B,C棟	東京都住宅供給公社	1987	東京都	SRC	4	15,000	—
ホンダプリモヒスコ 高崎店	本田技研工業(株)	1987	群馬県	S	2	306	安田工業(株)
天理教谷山分教会	渕之上建設(有)	1987	鹿児島県	W/S	2	560	—
上萩ビル	上萩国寛	1987	東京都	RC	3	280	—
特別養護老人ホーム陵幸園	社会福祉法人陵幸園	1987	鹿児島県	RC	1	1,740	—
埼玉県立久喜図書館収蔵庫	埼玉県	1988	埼玉県	RC	3	770	—
都営高層住宅多摩ニュータウン12住区団地	東京都	1988	東京都	SRC	12	13,579	—
練馬区立向山・貫井地域集会所	東京都練馬区	1988	東京都	S	2	330	—
青梅市立第一小学校屋内運動場	東京都青梅市	1988	東京都	S	1	690	—
足立区関原住環境モデル住宅	東京都足立区	1988	東京都	RC	5	1,420	服部・似鳥JV
世田谷区立桜丘小学校・塚戸小学校	東京都世田谷区	1988	東京都	RC	3	3,000	—
小平市立学園東町地域センター	東京都小平市	1988	東京都	RC	2	600	—
江戸川区立小岩第四中学校屋内運動場	東京都江戸川区	1988	東京都	RC/S	3	2,660	—
都営住宅第3団地	東京都	1988	東京都	SRC	14	15,047	—
都立大塚看護専門学校	東京都	1988	東京都	RC	4/1	3,500	東京長谷川工務店
都立足立高等学校改修	東京都	1988	東京都	RC	—	7,910	—
世田谷区立塚戸小学校体育館・プール	東京都世田谷区	1988	東京都	RC	1	1,732	(株)樋田組
九州富士通エレクトロニクス入来工場女子寮	(株)九州富士通エレクトロニクス	1988	鹿児島県	RC	5	4,330	(株)春園組
脇田邸	脇田俊一	1988	鹿児島県	W	2	100	—
今西邸	今西堅雄	1988	鹿児島県	RC	2	160	—
石神ビル	石神勝郎	1988	東京都	RC	3	320	—
吉田邸	吉田一男	1988	東京都	S	3	250	—
ダイネス壱番館千葉	大年興業(株)	1988	千葉県	S	11	4,342	(株)熊谷組
カザマ機器(株)厚木流通センター	カザマ機器(株)	1988	神奈川県	S	3	250	(株)岩崎工務店
小森園邸	小森園清	1988	東京都	S	2	150	—
藤谷ハイツ	藤谷忠造	1988	東京都	RC	6	580	—
警視庁丸の内警察署和田倉門外派出所	東京都警視庁	1989	東京都	S	1	50	—
足立区立々木高等学校体育館	東京都	1989	東京都	RC/S	2	2,240	—
東京消防庁志村消防署庁舎	東京消防庁	1989	東京都	SRC	5/1	3,990	(株)今西組
市来町庁舎	鹿児島県いちき串木野市	1989	鹿児島県	RC	3	3,650	間組
練馬区立開進第4中学校体育館・プール	東京都練馬区	1989	東京都	SRC	2	2,009	—
都営高層住宅東7丁目第3団地	東京都	1989	東京都	HPC	9	9,000	—
都立足立高等学校格技棟	東京都	1989	東京都	SRC	4	4,550	浅川組
多摩市立大松台小学校	東京都多摩市	1989	東京都	RC/S	3	6,156	りんかい日産建設(株)
国分寺市民温水プール、老人憩いの家	東京都国分寺市	1989	東京都	RC/S	3	2,258	鴻組
港区立白金福祉会館	東京都港区	1989	東京都	SRC	2/4	3,964	(株)日本国土開発
カザマ機器大宮営業所	カザマ機器(株)	1989	埼玉県	S	2	1,010	高橋工務店
田中邸	田中英司	1989	東京都	RC	3	230	—
警視庁麻布警察署宮穴部備派出所	東京都警視庁	1989	東京都	S	3	230	—
大野台ゴルフクラブハウス	秋田土建(株)	1989	秋田県	RC	2	1,130	秋田土建(株)
都立神経病院病棟	東京都	1990	—	—	—	—	—
小平市立小平第11小学校	東京都小平市	1990	東京都	RC	3	4,850	—
城南地区(南進A)集団設置建物	独立行政法人環境再生保全機構	1990	東京都	S	2	6,460	—
流山勤労者総合福祉センター(コミュニティプラザ)	独立行政法人雇用・能力開発機構	1990	千葉県	RC	3	1,930	東海建設(株)
都立桜町高等学校	東京都	1990	東京都	RC	6/1	14,660	日本国土開発・太平建設JV
立川市紫崎地区学習供併用施設	東京都立川市	1990	東京都	RC	2	900	多摩ハウス(株)
墨田区立第3吾嬬小学校屋内運動場	東京都墨田区	1990	東京都	RC	1	1,075	—
ホンダベルノ新・東京 三鷹店	本田技研工業(株)	1990	東京都	S	—	—	日本建設(株)
ホンダベルノ新・東京 立川店	本田技研工業(株)	1990	東京都	S	2	—	—
中退金ビル別館	独立行政法人勤労者退職金共済機構	1990	東京都	S	4	732	不動建設(株)
(株)岩佐製作所国分工場	(株)岩佐製作所	1990	鹿児島県	S	2	980	—
入佐内科	入佐宗一	1990	鹿児島県	S	3	690	—
トーメン関東コイルセンター本社・青梅工場	トーメン	1990	東京都	S	2	5,550	石原・清水建工JV
成城アルテンハイム高齢者在宅サービスセンター	社会福祉法人古木会	1990	東京都	RC	3/1	620	—
上野原市立四方津小学校校舎	山梨県上野原市	1991	山梨県	RC	3	3,900	(株)青木建設
埼玉県上尾市大谷公民館	埼玉県上尾市	1991	埼玉県	RC	2	2,000	—
葛西臨海公園便所	東京都	1991	東京都	S	1	70	—
東京都特別区高浜寮	特別区人事・厚生事務組合	1991	東京都	RC	12	4,430	—
横浜税関大黒埠頭出張所	関東地方整備局	1991	神奈川県	RC	5	6,680	—
都立桜町高等学校体育館	東京都	1991	東京都	RC/S	2/1	2,240	日本国土開発(株)・太平建設(株)
目黒区立目黒本町5丁目老人福祉住宅	東京都目黒区	1991	東京都	RC/S	5/1	1,050	—
都営高層住宅東大和桜ヶ丘第2団地	東京都	1991	東京都	SRC	13	17,860	—
警視庁町田警察署庁舎及び単身待機宿舎付司田寮	東京都警視庁	1991	東京都	SRC	8/1	8,500	大木建設(株)
東京都土木技術研究所	東京都	1991	東京都	RC	3	3,930	東洋建設(株)
芝浦内貿2号上屋	東京都	1991	東京都	RC	3	36,370	—
ホンダベルノ千葉 木更津店	本田技研工業(株)	1992	千葉県	S	2	220	山田工務所(株)
ホンダクリオ中央 木更津店	本田技研工業(株)	1992	千葉県	S	1	310	松崎建設(株)
目黒区立自由ヶ丘老人いこいの家	東京都目黒区	1992	東京都	RC	3	390	—
世田谷区立松沢中学校	東京都世田谷区	1992	東京都	—	—	—	横山建設(株)・三神建設(株)
鹿児島県阿久根総合運動公園体育館	鹿児島県阿久根市	1992	鹿児島県	—	—	—	—
厚木法務総合庁舎	関東地方整備局	1992	神奈川県	RC	4	2,250	—
ホンダベルノ新・東京 野沢店	本田技研工業(株)	1992	東京都	RC/S	3/1	3,210	日本建設(株)
世田谷区立松沢中学校	東京都世田谷区	1992	東京都	—	—	—	—
世田谷区立松沢中学校格技室・プール	東京都世田谷区	1992	東京都	RC	3	1,560	横山建設(株)・三神建設(株)
都立府中療育センター通所施設	東京都	1992	東京都	RC	3/1	2,100	—
港区立高松中学校	東京都港区	1992	東京都	SRC	6	13,392	安藤建設(株)
足立区立竹の塚温水プール (スイムスポーツセンターうきうき館)	東京都足立区	1992	東京都	RC/S	2/2	7,300	清水建設(株)
ホンダベルノ新・東京 東久留米店	本田技研工業(株)	1992	東京都	—	—	—	—
植田商店	(有)植田商店	1992	東京都	RC	4	270	山田建設(株)
トーメンカロセリー羽村工場管理棟	(株)トーメン	1992	東京都	S	2	1,630	(株)清水建設工業所
トーメンカロセリー羽村工場工場棟	(株)トーメン	1992	東京都	S	1	3,640	(株)清水建設工業所
山村硝子東京工場独身寮	山村硝子(株)	1992	神奈川県	RC	3	3,930	(株)大林組
鹿児島開発計画	(株)トーメン	1992	鹿児島県	SRC	16	68,160	—
カザマ機器(株)入間営業所	カザマ機器(株)	1992	埼玉県	S	2	1,000	八生建設(株)
阿久根総合運動公園体育館	鹿児島県阿久根市	1992	鹿児島県	S	2	2,200	—
町田地方合同庁舎	関東地方整備局	1993	東京都	RC	5/1	5,240	—
ホンダベルノ新・東京 杉並店	本田技研工業(株)	1993	東京都	—	—	—	—
ホンダベルノ新・東京 八王子	本田技研工業(株)	1993	東京都	—	—	—	—
ホンダベルノ新・東京 西新井店	本田技研工業(株)	1993	東京都	—	—	—	—
練馬区立小竹小学校	東京都練馬区	1993	東京都	S	3	620	—
ホンダベルノ新・東京 志村店	本田技研工業(株)	1993	東京都	S	3	2,643	日本建設(株)
渋谷区立笹塚母子寮	東京都渋谷区	1993	東京都	RC	4	800	—
喜界町立早町幼稚園	鹿児島県大島郡喜界町	1993	鹿児島県	S	2	180	—
喜界町立早町小学校	鹿児島県大島郡喜界町	1993	鹿児島県	RC	2	1,080	—
港区立高浜住宅	東京都港区	1993	東京都	RC	13	4,820	—
上野原市立四方津小学校水泳プール	山梨県上野原市	1993	山梨県	RC	1	150	高橋建設(株)
上野原市立四方津小学校屋内運動場	山梨県上野原市	1993	山梨県	S	1	1,050	(株)青木建設
板橋区立伊豆高原荘	東京都板橋区	1993	東京都	RC	3/1	3,200	清水建設(株)
東京消防庁第二消防方面訓練場	東京消防庁	1993	東京都	RC	9/1	4,990	奥村組
ホンダベルノ新・東京 砧店	本田技研工業(株)	1993	東京都	—	—	—	日本建設(株)
ホンダベルノ新・東京 王子店	本田技研工業(株)	1993	東京都	—	—	—	—
大田区浜島倉庫	(株)トーメン	1993	東京都	S	3	2,740	(株)奥村組
上海日本人学校	上海日本人学校協議会	1993	中国	RC	4/2	6,010	—
都営高層住宅花畑八丁目第2	東京都	1993	東京都	SRC	10	5,800	—
都営中層住宅金森第9団地(1工区)	東京都	1994	東京都	RC	5	16,200	—
横浜植物防疫所(大和温室)特殊検定恒温室	農林水産省	1994	神奈川県	S	1	360	—
鹿児島地方検察庁知覧支部	法務省	1994	鹿児島県	S	2	—	—
都営中層住宅金森第9団地(2工区)	東京都	1994	東京都	RC	4	18,500	—
多摩動物公園アフリカゾウ展示施設	東京都	1994	東京都	RC	2	14,000	清水組(株)
三郷市立南部老人福祉センター	埼玉県三郷市	1994	埼玉県	RC	1	1,222	奥村組
菱刈町立本城小学校給食室	鹿児島県伊佐郡菱刈町	1994	鹿児島県	—	—	350	—
都立府中勤労福祉会館	東京都	1994	東京都	—	—	—	—
港区立御成門小学校・中学校	東京都港区	1994	東京都	SRC	6/2	13,030	奥村・小松・神崎JV
城南地区(住宅資材)集団設置建物	独立行政法人環境再生保全機構	1994	東京都	S	3	2,880	東潤建設(株)
警視庁第九方面合同庁舎	東京都警視庁	1994	東京都	RC	5	6,660	横山建設(株)
鴻巣市立中央小学校	埼玉県鴻巣市	1994	埼玉県	RC	3	7,300	(株)勝村組
豊島区立猪苗代青少年センター	東京都豊島区	1994	福島県	RC	4/1	3,530	不動建設(株)
ホンダベルノ横浜 保土ヶ谷店	本田技研工業(株)	1994	神奈川県	S	2	910	相鉄建設(株)
東京鋼器(株)高田町ビル	(株)や不動産	1994	神奈川県	S	4	2,100	三平建設(株)
有村邸	有村工芸	1994	埼玉県	RC	3	350	—
ファミール野田川間マンション	三平建設(株)	1994	千葉県	RC	10	10,820	三平建設(株)
東京鋼器(株)ビル	東京鋼器(株)	1994	茨城県	S	2	350	安藤建設(株)
特別養護老人ホーム陵幸園 デイサービスセンター及び介護支援センター	社会福祉法人陵幸園	1994	鹿児島県	RC	1	460	—
某国大使館基本	某国	1994	東京都	RC	4/1	6,000	—
ホンダクリオ東葛 本店	本田技研工業(株)	1994	東京都	S	2	485	東海建設(株)
川崎市立今井中学校	財団法人川崎市まちづくり公社	1995	神奈川県	RC	5/1	7,430	—
都立豊多摩高等学校	東京都	1995	東京都	RC	3/1	3,210	森本建設(株)・立野建設(株)
東京消防庁赤塚寮	東京消防庁	1995	東京都	RC	4	2,450	—
多摩動物公園アフリカ象舎	東京都	1995	東京都	S	2	620	—

港区立白金福祉会館

市来町庁舎

都立桜町高等学校校体育館

竹の塚温水プール（うきうき館）

多摩動物公園アフリカゾウ内展示施設

建物名称	委託者	竣工年	都道府県	構造	階数	延面積(㎡)	施工者
相鉄運輸㈱永福営業所	㈱増岡建設	1995	東京都	S		790	増岡建設
明治百年記念館黎明館（改装）	鹿児島県	1995	鹿児島県	RC	4/1	16,129	鹿島建設㈱
座間ひばりが丘マンション	三平建設㈱	1996	神奈川県	RC	7	3,790	三平建設㈱
大田区立大森第3中学校	東京都大田区	1996	東京都	RC	3	6,440	-
皇宮警察本部北の丸宿舎	関東財務局	1996	東京都	SRC	9	8,100	㈱不動建設
世田谷区立砧工房	東京都世田谷区	1996	東京都	S	1	600	-
上野原市立巌保育所	山梨県上野原市	1996	山梨県	-			-
都営中層住宅水元5丁目団地	東京都	1996	東京都	RC	4	1,800	-
秋田県社会保険診療報酬支払基金事務所	基金興業㈱	1996	秋田県	SRC	4	3,540	東洋建設㈱
東京都京浜島分別ゴミ処理施設監理	東京都	1996	東京都	S	4	42,000	奥村組
上野原市立巌中学校	山梨県上野原市	1996	山梨県	RC	3	5,030	㈱青木建設
新宿区防災センター及び新宿区土木部工事課事務所	東京都新宿区	1996	東京都	RC	6	1,900	㈱加賀田組
東京都監察医院検査室等改修	東京都	1996	東京都	RC	5/1	4,250	松本工務店
警視庁水上警察署海岸通交番	東京都	1996	東京都	RC	2	80	松本工務店
ホンダクリオ中央 オートテラスおゆみ店	宇野澤 精二	1997	千葉県	S	1	280	豊和建設
埼玉県新座市野寺小学校給食室	埼玉県新座市	1997	埼玉県	RC		150	
関東財務局柏の葉第1住宅	関東財務局	1997	千葉県	RC	10	11,500	奥村組
ホンダクリオ中央 宮野木店	㈲園内	1997	千葉県	S	2	470	豊和建設
都営高層住宅大谷石川団地（1期4団地）	東京都	1997	東京都	SRC	9	15,700	
葛飾区立中之台小学校屋上層体育館・プール	東京都葛飾区	1997	東京都	RC	4	1,660	
上野原市立四方津小学校校舎増築	山梨県上野原市	1997	山梨県	RC	3	900	㈱青木建設
都立五日市高等学校	東京都	1997	東京都	RC	4	4,500	㈱今西組
小平市精神薄弱者通所更生施設	東京都小平市	1997	東京都	RC	3/1	1,870	
山武市立山武中学校	千葉県山武市	1997	千葉県	RC	3	5,485	畦蒜工務店
上野原市立巌中学校茶室	山梨県上野原市	1997	山梨県	W	1	40	高橋建設
養護老人ホーム湘風園	社会福祉法人湘南広域社会福祉協会	1997	神奈川県	RC		1,450	飛島建設㈱
プリンスマンション沼津	㈱弥栄	1997	静岡県	RC	8	3,500	馬淵建設㈱
佐倉市立根郷中学校	千葉県佐倉市	1997	千葉県	RC	3	9,950	馬淵建設㈱
東京都監察医院改修	東京都	1997	東京都	RC	5/1	4,250	-
杉並区立特別養護老人ホーム	東京都杉並区	1997	東京都	RC	2/1	3,940	白石建設㈱
都立立川ろう学校	東京都	1997	東京都	RC	3/1	4,500	五洋建設㈱
松半八日市場斎場	㈲松半本店	1998	千葉県	S	2	780	鹿島・青柳JV
ホンダベルノ新東京 港店	本田技研工業㈱	1998	東京都	S	2	1,510	㈱間組
埼玉県越谷中央団地	埼玉県	1998	埼玉県	RC	5	5,100	
岩田鋼鉄芳賀工場	㈱トーメン	1998	栃木県	S	2	2,000	安藤建設㈱
湾岸食堂	東京都	1998	東京都	S	2	460	㈱松本組
国民金融公庫新居浜支店 沢津店	国民生活金融公庫	1998	愛媛県	RC	3	560	㈱一宮工務店
千代田区立神田万世橋区民会館	東京都千代田区	1998	東京都	RC	2	1,140	大東建設㈱
法政大学柔道部合宿所	法政大学	1998	神奈川県	RC	2	670	坂田建設㈱
都立大塚看護専門学校（改修）	東京都	1998	東京都	RC	4/1	3,500	㈱岡崎組
山武市立山武中学校	千葉県山武市	1998	千葉県	RC	3	9,010	鹿島・畦蒜・堀江JV
東京工業取引所ビル	東京工業品取引所	1998	東京都	SRC	10/2	6,400	-
ホンダクリオ中央 茂原店	本田技研工業㈱	1999	千葉県	S			
都営高層住宅扇1丁目第3団地	東京都	1999	東京都	RC	8	14,680	三浦工務店・新日組・三平建設
山武市立日向中学校	千葉県山武市	1999	千葉県	-			-
上野原市立病院人工透析室	山梨県上野原市	1999	山梨県	RC	3	2,200	東亜建設工業㈱
佐倉市立佐倉南図書館	千葉県佐倉市	1999	千葉県	RC	2	1,890	古谷建設㈱
東京消防庁赤羽消防署志茂出張所	東京消防庁	1999	東京都	-			-
国民金融公庫一関支店 寺前住宅	国民生活金融公庫	1999	岩手県	RC	2	362	伸和ハウス㈱
松半東金斎場	㈲松半	1999	千葉県	S	1	1,120	鹿島・青柳JV
特別養護老人ホーム福寿荘及び在宅複合型施設	社会福祉法人岩手福寿会	1999	岩手県	RC	3	7,588	鹿島・髙惣・古久根JV
ホンダクリオ中央 東金店	本田技研工業㈱	1999	千葉県	S	2	750	豊和建設㈱
ホンダクリオ東京 春日部営業所	㈱ホンダクリオ東京	1999	埼玉県	S	2	920	奥村組㈱
ホンダクリオ中央 オートテラス成田店	㈱ホンダクリオ中央	1999	千葉県	S	1	185	石井建設工業㈱
ホンダクリオ東京 文京営業所	本田技研工業㈱	2000	東京都	RC	4	1,094	内野建設㈱
ホンダビレッジ稲毛	本田技研工業㈱	2000	千葉県	S	2	2,120	馬淵建設㈱
白井町保健・福祉センター	㈱エヌ・ティ・ティファシリティーズ	2000	千葉県	S	4	5,500	
ホンダクリオ東京 市川営業所	本田技研工業㈱	2000	千葉県	S	-	-	㈱不二建業
国民金融公庫 武生支店 菊園荘	国民生活金融公庫	2000	福井県	RC	2	380	飛島建設㈱
国民金融公庫 舞鶴支店 折原寮	国民生活金融公庫	2000	京都府	RC	2	320	㈱竹中工務店
北九州矯正センター管理工場棟	法務省	2000	福岡県	RC	2	1,615	
山武市立睦岡小学校	千葉県山武市	2000	千葉県	RC	3	1,290	堀江建設㈱
都立稲城高等学校	東京都	2000	東京都	-			古久根・三和村JV
NTTかつらぎ荘研修施設	㈱エヌ・ティ・ティファシリティーズ	2000	千葉県	S	2	1,337	カネカ建設㈱
ホンダプリモ東京東 豊島営業所	本田技研工業㈱	2000	東京都	S			
広町マンション	馬淵建設㈱	2000	静岡県	RC	6	4,949	馬淵建設㈱
川崎市立西生田小学校	財団法人川崎市まちづくり公社	2000	神奈川県	RC	4	8,318	北島・淺場・藤生・東生JV
港区立六本木中学校	東京都港区	2000	東京都	RC	4/1	8,388	清水建設㈱
都営高層住宅大谷石川団地（2期5団地）	東京都	2000	東京都	SRC	10	17,930	
ホンダクリオ中央 木更津店	本田技研工業㈱	2001	千葉県	S	1	72	伊能建設㈱
ホンダプリモ京葉 市川営業所	本田技研工業㈱	2001	千葉県	S	2	990	大林組
ホンダベルノ新東京 町田西店	本田技研工業㈱	2001	東京都	S	2	985	㈱朝見工務店
ホンダベルノ新東京 池袋店	本田技研工業㈱	2001	東京都	S	-	-	日本建設㈱
和田乃神社神楽殿	宗教法人和田乃神社	2001	東京都	S	2/1	186	宮冠工事
社会保険船橋中央病院周産期施設(1期)	千葉社会保険事務局	2001	千葉県	RC	2/2	5,164	清水建設㈱
和光市坂下公民館別館	埼玉県和光市	2001	埼玉県	S	2	259	岩田建設㈱
ホンダベルノ新東京 調布店	本田技研工業㈱	2001	東京都	S	2	817	日本建設㈱
森吉ゴルフクラブハウス	秋田土建㈱	2001	秋田県	S	2	2,272	秋田土建㈱

建物名称	委託者	竣工年	都道府県	構造	階数	延面積(㎡)	施工者
関東財務局第3愛宕住宅	関東財務局	2001	茨城県	RC	4	2,218	昭和建設㈱
国立特殊研究研究所	関東地方整備局	2001	神奈川県	S	2	90	
関東鍼灸専門学校	学校法人関東医療学園	2001	千葉県	RC	4	2,000	大林組
香取市立栗源中学校屋内運動場	千葉県香取市	2001	千葉県	RC	2	2,332	東洋建設㈱
埼玉県住大宮西本郷団地	埼玉県	2001	埼玉県	RC	9	4,580	松柴・佐伯JV
首都高速浮島集約料金所	首都高速道路㈱	2001	神奈川県	S	2	122	-
都立国分寺高等学校	東京都	2001	東京都	RC	5	12,640	淺沼・国建協JV
ホンダベルノ新東京 オートテラス江戸川店	㈱ホンダベルノ新東京	2002	東京都	S	1	502	サンエス建設
国民生活金融公庫 京都支店	国民生活金融公庫	2002	京都府	RC	4	1,599	竹島建設㈱
ホンダプリモ多摩 町田店	本田技研工業㈱	2002	東京都	S	2	686	日広建設㈱
ホンダベルノ新東京 足立店	㈱ホンダベルノ新東京	2002	東京都	S	2	1,574	日本建設㈱
ホンダプリモ東京 高円寺営業所	本田技研工業㈱	2002	東京都	S	2	1,394	日本舗道㈱
ホンダベルノ新東京 江東店	本田技研工業㈱	2002	東京都	S	2	1,740	馬淵建設㈱
首都高速新木場第一料金所	首都高速道路㈱	2002	東京都	S	1	-	-
国民生活金融公庫 大阪支店 豊中第二住宅	国民生活金融公庫	2002	大阪府	RC	2/1	246	榎並工務店
ホンダプリモ城東 江戸川営業所	本田技研工業㈱	2002	東京都	S	2	704	㈱田中工務店
ホンダプリモ京葉 鎌ケ谷営業所	岳南建設㈱	2002	千葉県	S	2	687	不二建業㈱
社会保険船橋中央病院周産期施設(2期)	千葉社会保険事務局	2002	千葉県	RC	2/2	5,164	清水建設㈱
清瀬元町ガーデン	村野とし子	2002	東京都	RC	3	1,197	五十鈴建設㈱
ホンダベルノ埼玉東 草加店	渡邊日出子	2003	埼玉県	S	2	675	関東建設工業㈱
ホンダベルノ新東京 オートテラス西新井店	㈱ホンダベルノ新東京	2003	東京都	S	1	285	日本建設㈱
ホンダベルノ新東京 青梅店	本田技研工業㈱	2003	東京都	S	1	893	日本建設㈱
ホンダベルノ埼玉南 入間東店	本田技研工業㈱	2003	埼玉県	S	2	765	関東建設工業㈱
ホンダクリオ中央 千葉西店	本田技研工業㈱	2003	千葉県	S	2	720	京成建設㈱
ホンダ四輪販売新潟 オートテラス出来島店	㈱ホンダ四輪販売新潟	2003	新潟県	S	1	156	㈱廣瀬
ホンダベルノ新東京 入間店	本田技研工業㈱	2003	埼玉県	S	2	868	日本建設㈱
ホンダプリモ東京南 池上営業所	本田技研工業㈱	2003	東京都	S	2	988	日本建設㈱
ホンダ四輪販売新潟㈱事業部亀田営業所	㈱ホンダ四輪販売新潟	2003	新潟県	S	1	675	加賀田組
ホンダクリオ中央 八千代店	本田技研工業㈱	2003	千葉県	S	2	767	㈱田中工務店
ホンダプリモ京葉 わらび店	本田技研工業㈱	2003	埼玉県	S	2	753	高沼組
ホンダベルノ京葉 オートテラスモートピア稲毛	本田技研工業㈱	2003	千葉県	S	1	85	日晨建設鋼業
ホンダプリモ城西 本社・坂戸店	㈱ホンダプリモ城西	2003	埼玉県	S	2	1,155	不二建業㈱
ホンダクリオ新東京 千葉西店	本田技研工業㈱	2003	千葉県	S	2	831	京成建設㈱
ホンダクリオ中央 千葉西店	本田技研工業㈱	2003	千葉県	S	2	831	京成建設㈱
逗子海岸中央公衆トイレ	神奈川県逗子市	2003	神奈川県	RC	1	34	葉山工務店
農林水産省研究技術研修館、全天候型球場	農林水産省	2003	茨城県	S	2	2,000	
横須賀市立大塚台小学校	神奈川県横須賀市	2003	神奈川県	RC/S	3/1	10,594	三井・三井不動産建設・東部JV
千葉県不動産会館	社団法人千葉県宅地建物取引業協会	2003	千葉県	RC	3	2,681	ナカノコーポレーション
都営高層住宅大谷石川団地(3期4団地)	東京都	2003	東京都	RC	8	10,781	
横芝光町立光中学校	千葉県山武郡横芝光町	2003	千葉県	RC	3	9,806	鹿島・畔蒜JV
渋谷区清掃工場還元施設(リフレッシュ氷川)	東京都渋谷区	2003	東京都	S/RC	3/2	2,620	東急建設㈱
東京消防庁渋谷消防署庁舎	東京消防庁	2003	東京都	RC	9/1	5,574	共立・ミトモJV
児童養護施設鎌倉保育園	社会福祉法人鎌倉保育の里	2003	神奈川県	S	1	3,112	㈱林組
オートテラスオートピア 鶴ヶ島店	㈱ホンダプリモ城西	2004	埼玉県	S	1	601	不二建業㈱
ホンダクリオ新・東京 鹿浜店	㈱ホンダクリオ新・東京	2004	東京都	S	2	921	㈱インターフェースプロダクツ
香取市立栗源中学校技術室	千葉県香取市	2004	千葉県	W	2	169	山十木材店
ホンダクリオ埼玉 熊谷店	本田技研工業㈱	2004	埼玉県	S	2	914	関東建設工業㈱
南房総市立南幼稚園及び丸山小学校・南小学校給食受入施設	千葉県南房総市	2004	千葉県	S	2	13	石井工務店
ホンダベルノ京葉 オートテラス富里インター店	本田技研工業㈱	2004	千葉県	S	1	295	日本建設㈱
ホンダプリモ埼玉東 東板橋店	本田技研工業㈱	2004	東京都	S/RC	1/1	832	日本建設㈱
ホンダベルノ松本 諏訪湖店	本田技研工業㈱	2004	長野県	S	1	237	㈱ライフホーム
ホンダ四輪販売新潟 オートテラス新潟	㈱ホンダ四輪販売新潟	2004	新潟県	S	1	493	㈱加賀田組
南房総市立丸山中学校	千葉県南房総市	2004	千葉県	RC/S	2	4,010	鹿島建設㈱
品川区立西大井第三区営住宅・品川区立かがやき園	東京都品川区	2004	東京都	RC	6	3,598	立・圓山JV
大和市立渋谷中学校	財団法人大和市学校建設公社	2004	神奈川県	RC/S	5	12,550	フジタ・山岸JV
関東財務局老松住宅	関東財務局	2004	神奈川県	RC	8	3,727	川和急・相鉄JV
三郷市立新和小学校	埼玉県三郷市	2004	埼玉県	RC	4	7,512	前田建設工業㈱
ホンダプリモ東総 八日市場店	㈱ホンダプリモ東総	2005	千葉県	S	2	81	阿部建設
ホンダクリオ新潟 新発田営業所	㈱ホンダクリオ新潟	2005	新潟県	S	1	635	㈱嶋崎
国民生活金融公庫 松江支店 千鳥荘アパート	国民生活金融公庫	2005	島根県	RC	3	521	松江土建㈱
南総城山温泉里見の湯	白幡興業㈱	2005	千葉県	RC	2	2,556	白幡興業㈱
南房総市立丸山中学校給食センター	千葉県南房総市	2005	千葉県	S/RC	2	452	鹿島建設㈱
国民生活金融公庫 本店 関前ハイム	国民生活金融公庫	2005	東京都	RC	2	305	関前建設㈱
立川市立新生(旧南富士見)小学校改修	東京都立川市	2005	東京都	RC	3	4,594	㈱小倉工務店
西条刑務支所	法務省	2005	愛媛県	RC	2	1,599	
加須市立北川辺中学校体育館	埼玉県加須市	2005	埼玉県	S	2	2,597	飛島建設㈱
山武市保健福祉施設(さんぶの森元気館)	千葉県山武市	2005	千葉県	S	1/1	4,014	安藤建設㈱
動物検疫所遺伝子確認検査棟	関東地方整備局	2005	神奈川県	S	2	472	山岸建設㈱
コロニーのぞみの園地域生活体験・就労の場外	関東地方整備局	2005	群馬県	W	2	356	
成田市立三里塚複合施設(コミュニティセンター)	千葉県成田市	2005	千葉県	S	3	1,693	共立工業㈱
足立区立千寿桜堤中学校	東京都足立区	2005	東京都	RC/S	5	8,114	三浦・阿部・高林JV
ホンダベルノ横浜 上大岡営業所	本田技研工業㈱	2006	神奈川県	S	2	1,488	日新工営
ホンダクリオ埼玉 所沢店	㈱ホンダクリオ埼玉南	2006	埼玉県	S	1	826	ノザワ建設㈱
三鷹市消防団第七分団詰所	東京都三鷹市	2006	東京都	RC	2	100	-
農林漁業金融公庫杉並高風荘	農林漁業金融公庫	2006	東京都	RC	2/1	1,032	東海興業㈱
国民生活金融公庫 岐阜支店 島アパート	国民生活金融公庫	2006	岐阜県	RC		395	岐南興業㈱
山武市立山武中学校屋内運動場	千葉県山武市	2006	千葉県	S	2	2,349	畦蒜工務店

皇居警察本部北の丸宿舎

特別養護老人ホーム福寿荘

佐倉市立佐倉南図書館

関東鍼灸専門学校

児童養護施設鎌倉保育園

建物名称	委託者	竣工年	都道府県	構造	階数	延面積(㎡)	施工者
長岡工業高専第2体育館・機械実験棟・雪氷低温研究施設	独立行政法人国立高等専門学校機構	2006	新潟県	S.RC	2	1,857	
三鷹市立第五小学校 耐震補強	東京都三鷹市	2006	東京都	RC	4	2,585	
国立高等専門学校機構本部	独立行政法人国立高等専門学校機構	2006	東京都	RC	3	1,320	(株)田中建設
港区立芝公園多目的運動場（アクアフィールド芝公園）	東京都港区	2006	東京都	RC	2	1,198	アイサワ・谷沢JV
品川区立総合体育館	東京都品川区	2006	東京都	RC	4/2	6,814	(株)間組
ホンダカーズ東京中央 南大沢店	本田技研工業(株)	2007	東京都	S	2	1,298	関東建設工業(株)
屋敷小学校他二校体育館耐震補強	千葉県習志野市	2007	千葉県	S	1	-	-
こもれびの足湯	小平・村山・大和衛生組合	2007	東京都	RC	1	87	加藤工務店
ホンダカーズ東京中央 桜町店	本田技研工業(株)	2007	東京都	S	2	2,166	NIPPOコーポレーション
麻布十番マンション	三菱地所(株)	2007	東京都	RC	10	1,354	木内建設(株)
八千代市立菅田南小学校及び総合生涯学習プラザ	八千代ゆりのき台PFI(株)	2007	千葉県	RC	4	13,048	鹿島・鉄建JV
練馬区立開進第四中学校屋内運動場	東京都練馬区	2007	東京都	SRC	2	2,009	-
練馬区立豊玉・中村地域交流スポーツセンター	東京都練馬区	2007	東京都	SRC/S	2/1	6,268	東急・共和・米田
関東管区警察学校武道場体育館	関東地方整備局	2007	東京都	S	2	3,738	(株)ナカノフドー建設
杉並区立今川図書館・ゆうゆう今川館	東京都杉並区	2007	東京都	RC	3	1,489	渡辺建設(株)
朝霞市立仲町保育園	埼玉県朝霞市	2007	埼玉県	RC	1	1,512	五十鈴建設(株)
世田谷清掃工場 監理	東京二十三区清掃一部事務組合	2007	東京都	SRC/RC	6/3	32,883	川重・飛島・地崎JV
都営高層住宅西亀有一丁目団地	東京都	2007	東京都	RC	7	4,386	未定
川崎保育園	神奈川県	2007	神奈川県	S	3	5,528	未定
警視庁単身待機宿舎新築他警察署業地寮	警視庁	2007	東京都	SRC	9/1	3,792	関東・イズミJV
東京納品代行行田倉庫(成田プロジェクト)	(株)日本橋ビルビレッジ	(2007)	千葉県	RC/S	5	33,000	
ホンダカーズ東京中央蒲田店	本田技研工業(株)	2008	東京都	S	4	2,930	(株)NIPPO
川崎市立新城小学校	神奈川県川崎市	2008	神奈川県	S	4	2,280	(株)大藤建設
太陽ビル	太陽住宅販売(株)	2008	東京都	S	2	552	(株)三ノ輪建設
川崎市立はるひ野小学校・中学校	はるひ野コミュニティサービス(株)	2008	神奈川県	RC/S	4	17,459	松井建設(株)
加須市立北川辺西小学校	埼玉県加須市	2008	埼玉県	RC	3	3,172	佐田建設(株)
練馬区立豊玉・中村地域交流スポーツセンター	東京都練馬区	2008	東京都	SRC/S	2/1	6,268	東急・共和・米田JV
HJ新店舗デザイン	本田技研工業(株)	2008	-	-	-	-	-
都営綾瀬七丁目団地	東京都	2008	東京都	RC	9	9,090	-
目黒区立碑小学校	東京都目黒区	2008	東京都	RC/S	5	9,891	フジタ・若築・三海JV
川崎市立新城小学校	神奈川県川崎市	2008	神奈川県	S	4	2,280	(株)大藤建設
太陽ビル	太陽住宅販売(株)	2008	東京都	S	2	552	(株)三ノ輪建設
川崎市立はるひ野小学校・中学校	はるひ野コミュニティサービス(株)	2008	神奈川県	RC/S	4	17,459	松井建設(株)
加須市立北川辺西小学校	埼玉県加須市	2008	埼玉県	RC	3	3,172	佐田建設(株)
練馬区立豊玉・中村地域交流スポーツセンター	東京都練馬区	2008	東京都	SRC/S	2/1	6,268	東急・共和・米田JV
HJ新店舗デザイン	本田技研工業(株)	2008	-	-	-	-	-
都営綾瀬七丁目団地	東京都	2008	東京都	RC	9	9,090	-
目黒区立碑小学校	東京都目黒区	2008	東京都	RC/S	5	9,891	フジタ・若築・三海JV
ホンダカーズ東京中央府中店	本田技研工業(株)	2009	東京都	S	3	1,099	石川建設
テツゲン天沼社宅A棟	(株)テツゲン	2009	東京都	RC		924	りんかい日産建設(株)
黒門平成ビル	上野広小路商業共同組合	2009	東京都	S	10	1,332	安藤建設(株)
都営綾瀬七丁目団地	東京都	2009	東京都	RC	7	2,050	-
練馬区立大泉図書館	東京都練馬区	2009	東京都	RC	2/1	1,985	山一建設(株)
横芝光町立横芝中学校	千葉県山武郡横芝光町	2009	千葉県	RC		11,350	古谷・青柳建設(株)特定建設工事共同企業体
墨田区立新隅田小学校	東京都墨田区	2009	東京都	RC	4	5,552	関東建設(株)
Barbizon77	(株)バルビゾン	2010	東京都	S	3	494	佐久間工務店
Barbizon75	(株)バルビゾン	2010	東京都	S	3/1	478	白石建設(株)
川崎市幸区内複合福祉施設	神奈川県川崎市	2010	神奈川県	RC		1,261	宮田土建工業(株)
横浜国立大学自然科学系総合研究棟他改修	国立大学法人横浜国立大学	2010	神奈川県	RC	5	-	-
宇都宮市方法務局足利支局	関東地方整備局	2010	栃木県	RC		1,763	河本工業(株)
山梨県警察学校寮棟・炊食浴棟	関東地方整備局	2010	山梨県	RC		1,374	佐田建設(株)
北区立桐ヶ丘中学校	東京都北区	2010	東京都	RC/S		9,937	東鉄・田崎・加藤建設JV
ホンダカーズ横浜青葉台店	本田技研工業(株)	2011	神奈川県	S	2	1,526	清水建設
クレイス月島	(株)増岡組・東急バブル(株)	2011	東京都	S	8	1,712	増岡組
中央大学戸田ボート部艇庫	学校法人中央大学	2011	埼玉県	S	1	589	大和リース(株)
中央大学葉山ヨット部合宿所	学校法人中央大学	2011	神奈川県	S	2	463	大和リース(株)
川崎市立上作延小学校	神奈川県川崎市	2011	神奈川県	RC・S	4	7,410	大藤・興建・佐田
内房地区学校給食共同調理場	千葉県南房総市	2011	千葉県	S		1,098	新日本建設(株)
清和幼稚園	学校法人田中学園	2011	千葉県	RC/S	2/1	2,322	(株)ナカノフドー建設
世田谷区立京西小学校	東京都世田谷区	2011	東京都	RC	4	8,051	大門・小俣
首都高算算バックアップセンター	首都高速道路(株)	(2011)	神奈川県	RC	6	1,920	未定
剣崎安待会	千葉県南房総市	2012	千葉県	S	3	600	大兼工務店
ホンダカーズ東京中央足立小台店	本田技研工業(株)	2012	東京都	S	2	2,472	浅沼組
特別養護老人ホーム松籟の丘	社会福祉法人 銚子市社会福祉事業団	2012	千葉県	S	3	5,241	鹿島建設(株)
都営高層住宅練馬区上石神井四丁目団地A棟	東京都	2012	東京都	RC	7	4,682	山一建設(株)
福島刑務所収容棟・北九州医療刑務所	法務省	2012	福島他	RC	5	16,293	-
子ども家庭総合センター	東京都	2012	東京都	SRC	7/1	14,497	奥村・南海辰村・近藤JV
板橋区立板橋第三中学校	東京都板橋区	2012	東京都	RC	6	9,720	共立・内田・山生建設共同企業体
歓照山地蔵教会計画(メモリアルホール)	宗教法人 歓照山地蔵教会	(2012)	東京都	RC	1/1	1,976	
ホンダカーズ横浜 希望が丘店	(株)ホンダカーズ横浜	2013	神奈川県	S	2	1,527	小原建設
ホンダカーズ横浜 佐原インター店	ホンダカーズ横浜	2013	神奈川県	S	2	2,080	浅沼組
ホンダカーズ横浜 港南台店	ホンダカーズ横浜	2013	神奈川県	S	2	2,089	浅沼組
上里町立上里中学校	埼玉県上里町	2013	埼玉県	RC	3	4,795	関東建設工業(株)
東京都立上野動物園内繁殖センターB	東京都東部公園緑地事務所	2013	東京都	RC		422	誠和光建
岩沼研修センター	東京航空局	2013	宮城県		1	234	
青梅市立第二小学校	東京都青梅市	2013	東京都	RC	3	7,692	岩波建設(株)
台東保育園	東京都台東区	2013	東京都	RC	5	1,607	-
首都高速道路中央環状品川線	首都高速道路(株)	2013	東京都	S	1	304	-
皇居外苑濠水管理施設	関東地方整備局	2013	東京都	S	2	548	鉄建建設(株)
川崎市営住宅古市場4号	神奈川県川崎市	2013	神奈川県	RC	7	4,741	興建・八木JV
ホンダカーズ山梨甲府店	本田技研工業(株)	2014	山梨県	S	2	2,541	北野建設(株)
ホンダカーズ東京中央三鷹店	本田技研工業(株)	2014	東京都	S	2	2,579	(株)イチケン
ホンダカーズ新潟横越店	ホンダ四輪販売新潟	2014	新潟県	S	2	926	(株)本間組
(仮称)福原山荘	社会福祉法人岩手福寿会	2014	岩手県	W	1	2,117	大林組
東京都立上野動物園内飼育センター	東京都東部公園緑地事務所	2014	東京都	RC	4	2,723	共立・内田JV
第二高潮対策センター	東京都	2014	東京都	RC	2	1,619	新井組
西部消防署大室分署	千葉県柏市	2014	千葉県	S	2	884	小倉建設株式会社
佐倉市立西志津小学校体育館	千葉県佐倉市	2014	千葉県	RC・S	2	1,216	古谷建設
黒羽刑務所	法務省	2014	栃木県	S	2	3,700	清水建設
上尾市民体育館耐震補強	埼玉県上尾市	2014	埼玉県	S	2	6,654	(株)島村工業
川崎市塚越住宅	神奈川県川崎市	2014	神奈川県	RC	6	3,650	-
座間市営長安寺住宅	神奈川県座間市	2014	神奈川県	RC	2	1,528	-
ホンダカーズ千葉鎌取店	(株)ホンダカーズ千葉	2015	千葉県	S	2	1,603	(株)大城組
ホンダカーズ新潟桜木インター店	(株)ホンダカーズ新潟	2015	新潟県	S	2	1,499	廣瀬
ルジェンテ千代田神保町	東急リアル・バブル株式会社	2015	東京都	RC	13	1,990	合田工務店
マザーズガーデン	マーナー・オークガーデンズ	2015	東京都	S	2	2,018	鵜沢建設
大山保育園	東京都同胞援護会	2015	東京都	RC	4	1,229	松井建設
勝浦学校給食共同調理場	千葉県勝浦市	2015	千葉県	S	2	1,300	白石・興信建設JV
石神井学園児童棟(A棟)	東京都	2016	東京都	RC	2	1,152	小暮工業
有家族待機宿舎音羽住宅	警視庁	2016	東京都	RC	5	2,569	埼和興産
城東消防署朝潮出張所	東京消防庁	2016	東京都	SRC	4	1,173	江田組
子母口小学校・東橘中学校	神奈川県川崎市	2016	神奈川県	RC		22,000	-
東京消防庁奥多摩消防署	東京消防庁	2016	東京都	SRC	4/1	2,416	山武コーポレーション
葛西臨海公園立体駐車場	東京都東部公園緑地事務所	(2016)	東京都	S		20,079	未定
東京都水道北営業所	東京都水道局	(2016)	東京都	RC		2,159	未定
町田第三中学校区子どもクラブ	東京都町田市	2017	東京都	S	2	471	若林工務店
ホンダカーズ埼玉西所沢店	ホンダカーズ埼玉西	2017	埼玉県	S		602	石川建設(株)
習志野市立第二中学校体育館	千葉県習志野市	2017	千葉県	S	2	2,000	池田工建
館山市立房南中学校	千葉県館山市	2017	千葉県	RC	2	2,465	白幡興業
仮称シルバーピア赤羽北	東京都北区	2017	東京都	RC	4	4,500	本不二・田嶋JV
余熱利用施設	神奈川県平塚市	2017	神奈川県	RC		2,774	SKD・平塚竹田組JV
都営舟渡二丁目団地(第3-1期)	東京都	2017	東京都	RC		3,785	吉里建設JV
ホンダドリーム鴻巣店	ホンダモーターサイクルジャパン	2018	埼玉県	S		549	東洋建(株)
(仮称)特別養護老人ホームゆかり岬	社会福祉法人 林声会	2018	千葉県	RC	2	3,753	旭建設(株)
奥多摩消防署別棟庁舎	東京消防庁	2018	東京都	SRC	3	739	守屋八潮建設
台東区蔵前中学校	東京都台東区	2018	東京都	S	2	8,984	ナカノフドー・大雄・三つ川JV
石神井学園児童棟(B・C棟)	東京都	2018	東京都	RC	2	1,803	新日本工業
(株)ホンダカーズ東京中央オートテラス烏山店	(株)ホンダカーズ東京中央	2019	東京都	S		197	(株)友笈
山梨職業能力開発センター	(独)高齢・障害・求職者支援機構	2019	山梨県	S	2	2,597	田中建設
静岡刑務所改修	法務省大臣官房施設課	2019	静岡県	RC		3,304	平井工業(株)
港区立麻布幼稚園園舎増築	東京都港区	2019	東京都	RC		470	(株)田中建設
南房総市立大山・和田地区統合小学校	千葉県南房総市	2019	千葉県	RC/S	3	7,805	大・白幡JV
台東区立黒門小学校	東京都台東区	2019	東京都	RC/S	3	6,219	大雄
都営坂下一丁目団地(第2期)	東京都東部住宅建設事務所	2019	東京都	RC	9	7,372	創真(株)メイビルコンJV
静岡刑務所	法務省大臣官房施設課	2020	静岡県	RC		5,583	平井工業(株)
東京都第六建設事務所改修	東京都	2020	東京都	SRC	3/1	3,913	未定
都営舟渡二丁目団地(第3-2期)	東京都	2020	東京都	RC	7	2,866	古川工務店
流山市立八木北小学校校舎増改築等	千葉県流山市	2020	千葉県	RC		4,010	新日本建設
都営桐ヶ丘団地	東京都	2020	東京都	RC		61,475	-
南房総市外房学校給食センター	千葉県南房総市	2021	千葉県	S	1	1,400	未定
(仮称)港区子ども家庭総合支援センター	東京都港区	2021	東京都	RC	4	5,200	松井・埼和JV
立川市若葉台小学校	東京都立川市	2021	東京都	RC		10,539	東構建設工業(株)・長井JV
川崎市立菅生小学校改修	神奈川県川崎市	2021	神奈川県	RC		6,093	小川組
山武市立松尾小学校	千葉県山武市	2022	千葉県	RC		5,000	未定
成田市立平成小学校学校給食共同調理場	千葉県成田市	2022	千葉県	S		1,040	未定
都営新宿四丁目団地(第3-1期)	東京都	2022	東京都	RC		4,875	未定
(仮称)品川区児童相談所	東京都品川区	2022	東京都	RC	4	4,000	未定
神代植物公園栽培温室	東京都西部公園緑地事務所	2022	東京都	S	1	835	未定
都営大山西団地	東京都	2023	東京都	RC	5	8,077	大谷建興(株)扶桑建設(株)JV
都営西巣鴨二丁目団地	東京都東部住宅建設事務所	2023	東京都	RC	9	8,089	未定
(仮称)柏北部東地区新設小学校	千葉県柏市	2024	千葉県	未	未	9,550	未定

大和市立渋谷中学校

成田市立三里塚複合施設

足立区立千寿桜堤中学校

品川区立西大井第三区営住宅・品川区立かがやき園

川崎市立はるひ野小学校・中学校

会社概要

名　　称　株式会社　豊建築事務所
設　　立　昭和 36 年 10 月 1 日
資 本 金　30,000,000 円
登　　録　一級建築士事務所　東京都知事登録　第 4003 号
業務内容　1. 各種建築設計および監理業務
　　　　　2. 都市計画、環境計画に関する設計および監理業務
　　　　　3. 上記に関する企画、コンサルタント業務
　　　　　4. 特定目的会社に対して出資および経営管理を行なう
　　　　　5. 前各号に付帯する一切の業務

所 在 地
　本　　社　〒 107-0062　東京都港区南青山 1-15-14　新乃木坂ビル
　　　　　　　　　　　　　TEL03-3404-3546（代表）
　神奈川営業所　〒 231-0005　横浜市中区本町 1-7　東ビル
　　　　　　　　　　　　　TEL045-212-2057
　千葉営業所　〒 273-0005　千葉県船橋市本町 5-15-9-302
　　　　　　　　　　　　　TEL047-460-5777

取引銀行
　みずほ銀行
　三菱東京 UFJ 銀行
　三井住友銀行
　りそな銀行
　商工中金
　中小企業金融公庫
　東日本銀行
　さわやか信用金庫

マイティ-Lux80SP

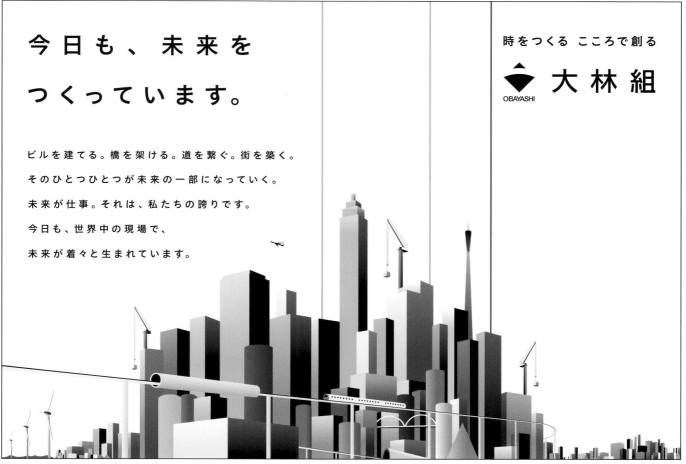

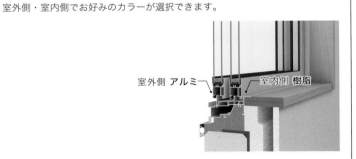

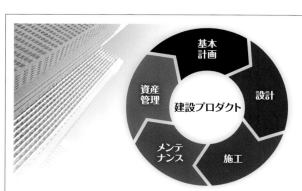

「ソリューション」で
お客様に安心を提供します。

綿半ソリューションズ株式会社

関東エリア　東京都新宿区四谷1-4 綿半野原ビル
　　　　　　TEL 03-3341-6184

事　業　所　北海道 宮城 東京 長野 静岡 愛知 大阪 福岡 沖縄

「南房総市立 嶺南小学校・子ども園」屋根工事

広　告　目　次